KB242483

나도 사장은 처음이라

나도 사장은 처음이라

멘토 없는
젊은 리더를 위한
생존의 기술

박태훈 지음

[여는글]

기댈 곳 없는 사장들에게

2023년 7월 21일,

대학 시절 창업해 17년을 바쳐 일군 회사가 공중분해됐다.

같은 달 31일,

나는 내가 만든 두 번째 회사에서 쫓기듯 퇴사했다.

연희동 본사에서 짐을 정리하고 떠나던 날

내가 직접 고른 가구들,

웃으며 떠들던 직원들.

그 모든 풍경이 낯설게 느껴졌다.

17년이라는 시간이

고작 라면 박스 두 개에 담겼다.

나는 직원들의 눈을 피해

도망치듯 사무실을 빠져나왔다.

주머니에는 1500원짜리 커피 한 잔 사 마실 돈조차 없었다.
수백억 매출을 올리던 사업가는 사라지고
빚더미에 앉은,
실패한 40대 가장만이 덩그러니 남았다.
사람을 믿은 대가는 혹독했다.
순진한 *사장*은, 그렇게 망했다.

주변 사람들은 내가 절망에 빠질 거라고 생각했다.
실패한 사업가라는 낙인이 찍힌 채
빈털터리로 빚쟁이가 되었으니까.
그런데 솔직히 고백하자면,
그날 나는 마음 한구석에서 안도감을 느꼈다.
믿기지 않겠지만 나는 언젠가부터
회사가 차라리 빨리 망해버리기를
간절히 바라고 있었는지도 모른다.

사업을 경영한 지난 20년,
특히 회사가 급속도로 성장한 마지막 3년은
내게 지옥과도 같았다.
마케팅 대행 사업과 개발 사업이 커지면서

하루도 마음 편히 쉴 수 있는 날이 없었다.
믿어서는 안 될 사람들을 너무 쉽게 믿어버렸고,
그 대가로 꼬박 2년 동안 일에 파묻혀
전쟁 같은 하루 하루를 보냈다.
그렇게 죽기 살기로 버텨서
2022년에는 창업 이래 최대 매출과 순익을 냈고,
숫자를 보며 이제 살았다고 생각했다.

하지만 미국의 금리 인상과
러시아-우크라이나 전쟁 등
뉴스에서나 보던 거시 경제의 파도가 회사를 덮쳤다.
주요 고객이었던 대기업들이
유동성 확보에 나서면서 지갑을 닫자,
가뭄에 저수지가 마르듯 자금난이 시작됐다.
생전 처음으로 직원들의 월급을 제때 못 주게 되자,
급여일이 다가오는 게 너무나 무서워졌다.
매달 2억 원이 넘는 현금을 만들어내야 한다는 압박감에
운전하다가도 숨이 안 쉬어졌고
엘리베이터 같은 좁은 공간에 들어가면
죽을 것만 같은 공포에 시달렸다.

그럼에도 나는 사업을 놓지 못했다.

매일같이 두려움과 갑갑함을 느끼며

제발 망하지 않게 해달라고 기도했지만,

상황은 더 빠르게 나빠졌다.

7월 21일, 국세청에서 매출 채권을 압류했을 때,

나는 생각했다.

'아, 이건 하늘의 뜻이구나'

그때부터는 미련을 버리고 조금이라도 빨리,

더 큰 피해 없이 사업을 정리하기 위해 움직였다.

그렇게 맞이한 7월 31일이었기에,

나는 차라리 괜찮았다.

그럼에도 책을 쓰는 이유

사업가라면 누구나 자신의 삶을 담은

멋들어진 자서전 하나쯤 꿈꾸기 마련이다.

나 역시 가끔씩 서점에 가면

매대에 깔린 성공한 사업가들의 책을 보며

내 이야기를 책으로 묶어보고 싶다고 생각하곤 했다.

하지만 매일 치열하게 사업체를 운영하는 동안에는
도저히 펜을 들 시간이 없었다.
매달 어김없이 돌아오는 급여일.
그 돈을 마련하기 위해 뛰다 보면
계절이 바뀌고 해가 바뀌었다.
그러다가 아이러니하게도
내 인생이 가장 밑바닥으로 추락하자
펜을 들 시간이 생겼다.

나는 스승이 없었다.
궁금한 게 있어도 물어볼 곳이 없었고,
막히는 게 있어도 뚫어줄 사람이 없었다.
맨땅에 헤딩하며 피를 흘려야만 배울 수 있었다.
"철석같이 믿고 들인 사람이 기업 사냥꾼일 수도 있다."
같은 자세한 조언을 담은 책은
세상 어디에도 없었으니까.
나는 내 인생을 수업료로 내고서야 그 사실을 배웠다.

그래서 생각했다.
맨몸으로 정글에 뛰어든 사람에게는

피 냄새 나는 실패의 기록이,
그 비싼 오답 노트가 내비게이션이 될 수 있지 않을까?

이 책에는 순진했던 시절 나의 부족함이 불러온
부끄러운 실수와 쓰라린 실패가 담겨있다.
사기당하고, 협박받고, 믿었던 직원들에게 조롱당한
비참한 이야기들까지 말이다.
성공한 척 내 삶을 포장할 수 있었겠지만
가짜 희망만이 판치는 세상에서
진짜 절망을,
그리고 그 절망을 겪고도
살아남은 사람의 이야기를 해보고 싶었다.

이 책은 성공의 기록이 아니다.
실패의 기록이자 생존의 기록이며,
비싸게 배운 나의 부끄러운 경험이다.
당신은 나처럼 비싼 수업료를 치르지 않고도
반드시 살아남았으면 좋겠다.

자본주의의 맛을 보다

사업은 낭만이 아니다

제품의 첫 번째 버전이
부끄럽지 않다면
너무 늦게 세상에 선보인 것이다.

● **리드 호프먼**(링크드인 창업자) ●

바보 반장에서 창업자로

공부를 썩 잘했던 건 아니지만,
경기도에서 나름 명문이라고 불리는 고등학교를 나왔다.
성적순으로 고등학교에 지원하던 시절,
운 좋게 점수를 잘 받은 덕분에
1학년 때는 반장까지 맡았다.
당시 얻은 별명은 '바보 반장'.
바보같이 속마음이 투명하게 들여다보인다고
친구들이 지어준 별명이었다.

그러던 어느 날,
학교 축제에서 영상제를 한다는 공고가 났다.
스마트폰은커녕 일반인이 영상을 촬영하는 것 자체가
극히 드물던 시절이었지만,
내게는 아버지의 보물인 소니 캠코더가 있었다.
그 캠코더 한 대를 믿고 친구들을 모아 영상제에 나갔다.
주제는 자유였고, 우리는 당시 가장 뜨거웠던
조성모의 〈For Your Soul〉 뮤직비디오를 패러디하기로 했다.
감독부터 콘티 제작, 촬영, 연기까지 역할을 나누긴 했지만,

사실 연기를 제외한 모든 과정을 내가 도맡아 하다시피 했다.

스타크래프트 이후 무언가에 이토록 미쳐본 것은

태어나서 처음이었다.

부족한 기술은 꼼수와 연출력으로 메우며

며칠 밤을 새운 끝에

우리는 영상제에서 당당히 상을 거머쥐었다.

면학관의 커다란 화면에 우리의 영상이 상영될 때 느꼈던

창피함과 뿌듯함이 뒤섞인 그 묘한 기분은 지금도 생생하다.

영상제 후 우리의 패러디 영상은 학교에서 꽤 화제가 되었고,

그 재미를 잊지 못한 우리는 2학년 때 다시 한번 뭉쳤다.

이번에는 SKY의 〈영원〉을 패러디하기로 했는데,

여자 배우를 섭외하는 게 큰 난관이었다.

남녀 공학이긴 했으나

남학생과 여학생의 반이 나뉘어 있었기에

숫기 없던 우리에게 배우 섭외는 쉽지 않은 일이었다.

다행히 우리 중 가장 말이 많던 녀석이

1학년 여자 후배를 섭외해 온 덕에

무사히 촬영을 마칠 수 있었다.

두 번째 영상제에서도 수상을 하며

우리의 영상은 영상제에 박제되었다.
듣기로는 우리가 졸업한 뒤로도
학교는 영상제 때마다 우리의 영상을 틀어주었다고 한다.

고등학교 3학년이 되며
더 이상 영상제에는 참여하지 못했지만,
2년이라는 시간 동안
내 마음속에는 영화감독이라는 꿈이 자라나 있었다.
그래서 한양대 멀티미디어 학과를 목표로 공부에 매달렸고
입학 안정권에 든 마지막 모의고사 성적표를 보고 안도했다.

수능 당일,
엄마가 챙겨준 우황청심원을
괜찮다며 뿌리치고 시험장에 들어섰다.
1교시 언어영역 시험지를 넘기며 문제를 훑는데
불길함이 엄습했다.
시험지 한쪽 끝이 파르르 떨리고 있었다.
게다가 운명이 장난이라도 친 것인지
하필 2002학년도 수능은 지독한 불수능이었다.
결국 엄마 말을 듣지 않은 죄와

불수능이라는 불운으로
나는 모의고사 때보다 100점 낮은 성적을 받고
쓸쓸히 노량진으로 향했다.

그렇게 재수 생활이 시작되었다.
이 지긋지긋한 공부를 1년 더 해야 한다니
괴로움과 후회가 밀려왔다.
다행히 재수 생활 두 달 차에 접어들 무렵에
3지망으로 성적에 맞춰 지원했던 한 대학에서
'추추추추가' 합격 소식을 전해왔다.
나는 연락을 받자마자 재수학원 교재들을
미련 없이 쓰레기통에 버리고 집으로 돌아왔다.

입학의 문을 닫고 들어간 대학.
이미 OT를 끝낸 신입생들 사이에는
자기들만의 견고한 울타리가 만들어져 있었다.
나 역시 학교생활에는 별다른 관심이 없었기에
술자리나 총회 같은 곳은 기웃거리지도 않은 채
수업이 끝나면 집으로 와,
플래시Flash 애니메이션을 독학했다.

플래시는 정말이지 매력적인 툴이었다.

혼자서 북 치고 장구 치고

다 할 수 있다는 게 마음에 쏙 들었다.

당시 유행한 〈마시마로〉나 〈뿌까〉 같은 애니메이션이

모두 이 툴로 제작됐다.

나는 영화감독이 될 수 없다면,

이 작은 화면 속에서 애니메이션이라도 만들고 싶었다.

그 간절함이 나를 매일 책상 앞에 앉게 했다.

통장에 돈이 꽂히는 경험만이 진짜 공부다

건설 설계를 하는 아버지 덕분에

우리 집에는 소니 캠코더나 워크맨 같은

최신 기기들이 굴러다녔다.

초등학교 2학년 때 이미 286 컴퓨터까지 집에 들였으니,

특별히 부유하진 않아도

돈이 궁한 적 없는 시절이었다.

하지만 IMF의 여파가

고등학교 2학년 때 강도처럼 우리 집을 덮쳤다.

정리해고 통보를 받고
거실 소파에 앉아 어깨를 들썩이며 울던 아버지의 모습.
그 생경한 눈물을 보며
나는 처음으로 돈이라는 놈의 무게를 실감했다.

아버지를 안쓰러워하면서도
한편으로는
'나와 동생의 학비는 어쩌나⋯⋯'
하는 걱정이 피어올랐다.
고등학교 축제라는 작은 판에서
박수를 받을 만한 영상을 만들었지만,
재능과 열정은 돈이 되지 않았다.
학교 밖 공모전에 나가서 상금을 탔으면 어땠을까?
좋아하는 일을 돈 되는 일로 연결할 수는 없었을까?
하지만 당시의 나는 그런 생각을 하지 못했기에
내가 만든 영상은 그저 취미에 그칠 수밖에 없었다.

신입 사원 초봉이 1800만 원이던 시절,
3000~4000만 원에 달하는 학비를 갚으려면
회사원 월급으로는 답이 없었다.

남들보다 빨리 돈을 벌어야만 했다.

동기들이 캠퍼스의 낭만을 만끽하던 1학년 여름방학 때

나는 공덕에 있는 작은 회사에서

난생처음 아르바이트를 시작했다.

처음에는 잡다한 사무 보조 업무를 처리했지만,

플래시를 조금 다룰 줄 안다는 이유로

운 좋게 투니버스 퀴즈쇼의 제작팀에 합류할 수 있었다.

개강 후에도 학사경고를 면할 정도로만 학교에 나가고

나머지 시간에는 일에 매달렸다.

집에는 한 달에 겨우 두 번 발을 들였고,

공사장에서 주워온 스티로폼 판을 침대 삼아

사무실 바닥에서 쪽잠을 잤다.

불편한 잠자리 때문에 몸은 많이 피곤했지만,

좋아하는 일을 하며 돈까지 버는 생활이

너무나 즐거워 아무런 불만도 없었다.

그렇게 몇 달을 일하던 중,

메인 프로그램을 개발하는 프리랜서가

한 달 상주하며 일하고

500만 원을 받아 간다는 말을 들었다.

그때 내 월급은 고작 80만 원이었기에

그 프리랜서를 따라서

액션 스크립트ActionScript[*]를 배우기 시작했다.

그러다 어느 날 회사와 프리랜서의 협상이 틀어지며

얼떨결에 혼자 메인 프로그램을 제작을 떠맡게 되었다.

정식 코딩을 배운 적은 없었지만,

기존 프로그램의 소스를 편집하고 온갖 꼼수를 부려

어떻게든 결과물을 만들어냈다.

그렇게 탄생한 〈마시마로와 친구들〉이

그야말로 대박을 쳤지만,

내 월급 통장에는

여전히 120만 원이라는 초라한 숫자가 찍혀 있었다.

학교에서 강의를 듣는 것도 좋지만,

현장에서 프로젝트 하나를 완수해

통장에 돈이 꽂히는 경험을 하는 것이

진짜 공부가 아닐까 한다.

그때 나는 처음으로 '내 기술'을

---

[*]   플래시의 개발 언어.

'돈'으로 환산할 수 있다는 사실을 알았지만,

동시에 그 금액이 얼마나 하찮을 수 있는지도

뼈저리게 느꼈다.

당시 나는 내가 그저 일을 잘한다고만 생각했다.

돌이켜보면 그저 '기술 좋은 호구'였을 뿐이다.

내가 만든 프로그램 하나로 회사는 하루에 4000만 원,

한 달이면 12억 원을 벌어들였다.

그런데 기획부터 디자인, 개발까지 혼자 북 치고 장구 쳤던

내 가치가 고작 120만 원이었다니.

'아직 어리니까', '배우는 입장이라서', '기회를 주셨으니까'.

이런 핑계들로 스스로를 '겸손한 청년'이라 포장했다.

하지만 그건 겸손이 아니라 비즈니스의 생리를 모른 채

스스로의 가치를 깎아먹은 멍청함이었을 뿐이다.

재주는 곰이 부리고

돈은 왕서방이 가져가는 구조 속에서

나는 미련한 곰 역할을 자처했다.

만약 그때로 돌아간다면

월급 몇 푼 올리는 것보다는

러닝 개런티나 지분을 요구할 것이다.

내가 만든 결과물에 대한 정당한 소유권을 주장하지 못하면,

평생 남 좋은 일만 하는 소모품으로 남게 된다는 걸
그때는 몰랐다.

그러니 기억해야 한다.
곰이 될지 왕서방이 될지는
기술이 아니라 계약서가 결정한다는 사실을.
착한 곰은 서커스단에서 평생 춤만 추다가 죽는다.

구르는 돌에 이끼는 끼지 않지만

〈마시마로와 친구들〉의 성공 이후
1년 동안은 그야말로 축제와 같았다.
〈뿌까〉, 〈마시마로 2〉, 〈헬로키티〉, 〈호빵맨〉 등
굵직한 IP로 만든 생방송 퀴즈쇼가 연달아 홈런을 쳤고,
어느덧 나는 생방송 퀴즈쇼 업계의 블루칩이 되었다.
80만 원으로 시작한 연봉도 어느새 많이 올라서,
수입이 좋은 달에는
최대 1000만 원까지도 벌곤 했다.
하지만 그 눈부신 성취를 뒤로한 채

2005년에 군에 입대했고,
2007년에야 다시 세상으로 나올 수 있었다.

복학의 설렘도 잠시,
입대 전 함께 일하던 PD님이 방송 제작을 제안하였다.
매주 SBS 어린이 드라마의 엔딩을 장시할
수십 초 분량의 애니메이션을 만드는 일이었다.
복학 후에도 내가 자발적 '아싸'의 길을 택한 건
어쩌면 당연한 수순이었다.
수업이 끝나면 바로 기숙사로 돌아와
혼자만의 사무실을 열었다.
기획과 캐릭터 디자인은 물론,
모션을 입히고 PD님이 보내온 음성 파일에
입 모양을 하나하나 맞추는 고단한 작업이 이어졌다.
배경음악을 깔고 효과음을 입히는 작업까지,
나는 모든 것을 혼자 하는 애니메이터였다.

그 고단함을 이긴 건 설렘이었다.
내가 빚어낸 영상이 지상파 방송에 나온다는 사실은
그 자체만으로 가슴 벅찬 일이었으니까.

퀴즈쇼를 거치며 방송 사고의 무서움을 몸으로 익혀둔 덕에,
단 한 번도 납품일을 어기지 않을 수 있었다.
그렇게 이런저런 애니메이션과 이러닝 제작에
하루 대부분의 시간을 쏟아부었지만,
혼자서 모든 일을 감당하는 데도
서서히 한계가 찾아오고 있었다.

결국 나는 내 일에 관심을 보이던 친구 넷을 꾀어서
함께 일할 팀을 꾸렸다.
디자인 감각이 있는 친구,
나보다 액션 스크립트 실력이 나은 친구,
묵묵히 양산 과정을 책임질 두 친구까지.
우리는 팀 이름을 'RS'라고 지었다.
'Rolling Stones'의 약자로,
구르는 돌에는 이끼가 끼지 않으니,
젊은 날 마음껏 구르며 고생해 보자는
치기 어린 다짐이었다.

친구들과 함께하니
고된 일도 놀이처럼 해낼 수 있었다.

하룻밤을 꼬박 새워 일한 날에는
근처 찜질방에서 자고 일어나도
하나도 피곤하지 않았다.

물론 일반적인 회사의 직원으로 들어갔다면
이렇게까지 일할 수는 없었을 것이다.
당시 우리를 움직인 건
남의 일이 아니라 우리의 일을 한다는 주인의식이었다.
퇴근 후 함께 먹는 순댓국에 소주 한잔은
그 시절 우리가 누릴 수 있는 가장 근사한 낭만이었다.
매일 먹어도 질리지 않는다며
문이 닳도록 그 식당에 드나들었지만,
솔직히 말해 순댓국과 순대가 무한 리필이라서
다른 선택지가 없었다.

이때는 정말로 돈이 없었기에
입대 전에 아르바이트할 때부터 알고 지내던
투니버스 PD님의 사무실에 빌붙어 지내며 일했다.
PD님은 젊은 우리를 좋게 봐주어
눈치 같은 건 주시지 않았지만,

남의 사무실에서 일하는 처지라

마냥 마음이 편할 수는 없었다.

그래서 방법을 궁리하던 차에

서울시 소상공인 지원 사업을 알게 되어 빠르게 지원했다.

몇 달 후 정부 지원금을 받아

사무실 보증금 1000원을 마련했고,

마침내 10평 남짓한 우리만의 사무실을 갖게 되었다.

더부살이가 끝난 건 기뻤지만

여전히 돈 문제는 해결되지 않았다.

갑자기 늘어난 고정비가 문제였다.

혼자일 때는 벌이가 충분했지만,

다섯 명이 함께 일하다 보니

사무실 임대료, 식비, 운영비 등

가만히만 있어도 돈이 줄줄 나갔다.

그 모든 비용을 제하면

한 사람당 50만 원밖에 받아 가지 못하는 달도 많았다.

영업이 절실했지만, 우리 중 누구도 방법을 몰랐다.

처음으로 돈 생각에 잠을 설쳤다.

모른다고 가만히 앉아만 있을 수는 없었다.

네이버 키워드 광고를 배워

'플래시 개발'이나 '플래시 애니메이션' 같은 키워드로

무작정 광고를 돌렸다.

얼마 지나지 않아 전화와 메일로 문의가 들어오기 시작했다.

스물세 살, 사장이 되다

키워드 광고가 물어다 준 첫 번째 기회는

A기업 회장님과의 미팅이었다.

아직 회장님이라는 호칭이 어색한 나이였고,

그 회장님이 우리를 보자고 한 것도 의아했다.

여러 가지 의문이 들었지만,

이 미팅이 좋은 기회로 이어질 수도 있다는

기대감을 안고 테헤란로의 한 건물로 갔다.

미팅을 조율한 대표님은 회장님의 성미가 불같으니,

절대 말실수를 하지 말라고 당부했다.

말실수를 하면 안 된다고 생각하니

어쩐지 말실수를 하게 될 것만 같았다.

그래도 전역한 지 얼마 안 됐을 때라

깍듯한 태도가 몸에 밴 게 다행이었다.

당시 내 나이 스물셋.

사업을 한다고 말하기에는 어린 나이였다.

그래서 최대한 나이 들어 보이게 옷을 입었지만

사실 어떻게 하면 나이가 들어 보이는지도 몰랐기에

오히려 더 미숙해 보였을 것이다.

회장실 문 앞에서 잠시 숨을 고르는데,

어쩐지 어리다는 사실이 들통나면,

신뢰를 줄 수 없을 것 같았다.

그래서 일단 목소리를 낮게 깔고

내 나이를 가늠하기 어렵게 하리라 생각하며

천천히 회장실의 문을 열었다.

어려 보이지 않으려던 나의 고민이 무색하게도

회장님은 나를 위아래로 훑어보더니

무심하게 "앉아"라고 말했다.

예상치 못한 반말에 당황했지만,

애써 태연한 척 자리에 앉았다.

'스타트업'이라는 단어조차 생소하던 시절,

20대 사장은 그저 애송이일 것 같았을 것이다.

미팅이 무사히 끝나고

근처 참치집에서 술자리가 이어졌다.

나의 젊은 눈빛이 마음에 든다는 회장님의 말에

내심 기분은 좋았지만, 긴장의 끈을 놓을 수는 없었다.

이때 내 주량은 소주 한 병이었으나

참치 한 점 입에 넣을 틈도 없이

회장님의 속도에 맞춰 잔을 비웠다.

끝까지 버텨야 한다는 일념으로

화장실로 달려가 억지로 술을 게워내고,

아무 일도 없었다는 얼굴로 자리에 돌아와

웃으며 다시 잔을 채웠다.

그만큼 그 계약이 절실했다.

많은 초보 사장이 착각하곤 한다.

영업이란 간과 쓸개를 다 내놓고 굽신거리는 것이며,

술자리 끝까지 남아서

형님 아우 하며 비위를 맞추는 게

영업을 하는 사람의 기본 자세라고.

나 역시 그랬다.

가진 것 하나 없는 스물셋의 내가 들이밀 수 있는 건

오직 튼튼한 몸뚱이뿐이었다.

변기통을 끌어안고 위액까지 쏟아낸 뒤

찬물로 입을 헹구고 돌아와 다시 술잔을 들었을 때

나는 내가 꽤 멋진 사업가라도 된 줄 알았다.

그 객기가 나의 열정을 증명한다고 믿었다.

물론, 그 무식한 방법이 통할 때가 있다.

하지만 클라이언트는 바보가 아니다.

당시 회장님은 내 기술이 부족하다는 걸

알면서도 도장을 찍어주었다.

내가 잘나서가 아니라

그저 내가 절박해 보였기 때문이다.

내 태도가 상대에게

'이놈은 도망가지 않겠구나'

'시키면 독하게 해내겠구나'

라는 믿음을 준 것이다.

그 깡다구 하나로 문이 열리는 순간도 분명히 있다.

세상은 때론 논리나 능력이 아니라

태도에 감동하기 때문이다.

나는 그 토사물 냄새 섞인 술잔 덕분에

성장의 발판을 마련할 수 있었다.

하지만 실력으로 설득하지 못해 몸으로 때운 계약은,

시작부터 우리를 철저한 을의 위치에 가뒀다.

회장님이 "이거 3개월 안에 다 되지?"라고

술김에 말했을 때,

나는 "무조건 됩니다!"라고 호기롭게 소리쳤다.

결국 운명을 바꿀 계약을 체결할 수 있었지만,

기뻐할 새도 없이 걱정이 밀려왔다.

처음 수주하는 대규모 언어 학습 시스템이었다.

게다가 3개월 안에

음성인식 기능이 탑재된 말하기 프로그램을 개발해야 했다.

문제는 음성인식 엔진을 만들고

이를 언어 학습 시스템에 탑재하는 것이

기술적으로 얼마나 어려운지

비용은 얼마나 드는지

검토하지 않고 덜컥 계약했다는 사실이었다.

나중에 알게 된 사실이지만
실은 A기업과 기존 개발사의 사이가 틀어져
개발사가 계약 해지를 통보한 상황이었다.
그러니까 진짜 절박한 건 그쪽이었다.
이 사실을 미리 알았더라면
'음성인식 엔진 별도 구매'나
'개발 기간 6개월' 같은 조건을
조심스럽게나마 제안할 수 있었을까?
하지만 당시 내게는 그런 비즈니스 감각이 없었다.
나의 "무조건 됩니다"라는 한마디에
우리 다섯은 24시간 풀 야근 체제로 들어갔다.

언어 학습 시스템의 화면을 구현하는 건
나름대로 자신이 있었지만,
시스템 개발과 음성인식 엔진 탑재가 발목을 잡았다.
여러 차례 시행착오를 거친 끝에
기존의 언어 학습 시스템을 역설계해서
새로운 시스템을 구현하고
직접 음성인식 엔진을 개발했지만,
기대와 달리 결과는 처참했다.

터무니없이 빠듯한 일정 속에서

간신히 태어난 결과물이 온전할 리 없었다.

게다가 기술과 관련된 고객의 불만을

괜히 직접 처리하겠다고 나섰던 탓에

서비스가 시작된 뒤에는

전국에서 걸려 오는 회원들의 전화를

일일이 응대해야 했다.

고객들로부터 시스템 오류를 접수하고

하나하나 고치고 있자니

일이 끝날 기미가 안 보였다.

간단하게 끼니를 때울 시간조차 없었다.

점심에 시킨 냉면을 저녁에야 열어보면

면발은 이미 불다 못해 산처럼 솟아 있었다.

결국 자체 개발은 포기하고

음성인식 엔진을 가진 회사와 사용 계약을 맺어야 했다.

그래도 모두의 건강을 담보로 몇 달 동안

작업에 매달려 시행착오를 겪은 끝에

드디어 우리의 첫 언어 학습 시스템,

'랭귀지 위자드'가 완성되었다.

여름에 시작한 개발이 겨울에야 끝이 났다.

그해 겨울, 우리는 전기 온풍기를 옆으로 눕혀놓고

돗자리를 깐 바닥에서 서로 껴안은 채 자곤 했다.

그러나 그 좁은 공간에는

살을 맞대고 덜덜 떨며 먹고 잔 만큼의 뜨거움이 있었다.

사업을 기획할 때
반드시 고려해야 하는 세 가지

내가 만든 생방송 퀴즈쇼가 성공한 뒤,

한동안 시장에는 비슷한 아류작이 줄줄이 생겨났다.

그 열풍에 힘입어 퀴즈쇼 전문 채널인 '퀴니'가 개국했다.

24시간 퀴즈쇼를 방송하는 이 채널은

30초당 200원이 부과되는 ARS 과금 모델을 채택했다.

계획만 놓고 보면 꽤 그럴싸한 수익 구조였을지 모른다.

하지만 주 고객인 아이들이 전화요금의 무서움을 모른 탓에

수십만 원씩 청구된 전화비가 문제가 되리라고는

미처 예상하지 못했을 것이다.

결국 한 언론사 기자의 자녀가 수십만 원에 달하는

요금 폭탄을 맞은 사건이 기사화되었다.

이 사건으로 인해

유료 ARS 프로그램들은 대부분 제재를 받다가
2007년에는 급기야 채널 자체가 폐지되는 운명을 맞이했다.

그로부터 시간이 지나
스마트폰이라는 거대한 생태계가 등장했다.
방송국의 힘을 빌리지 않고도 직접 생방송을 할 수 있는
유튜브라는 플랫폼은 내게 새로운 기회로 다가왔다.
유튜브 키즈가 무서운 속도로 성장하고 있었고,
밥을 먹으면서도 화면에서 눈을 떼지 못하는 아이들을 보며
부모들의 걱정 또한 점점 깊어졌다.
이미 그 재미에 푹 빠진 아이들을 말릴 수 없다면
차라리 유익한 콘텐츠를 제공해
부모의 죄책감을 덜어주면 어떨까 생각했다.
그래서 생방송 퀴즈쇼의 역동적인 재미는 살리되
수학과 영어 등 다양한 학습 콘텐츠를 더하고
프리미엄 서비스에만 구독료를 받는 앱을 구상했다.

그렇게 2020년 세계 최초 유튜브 라이브 기반 학습 퀴즈쇼,
〈빅터프렌즈〉가 탄생했다.
신사업팀을 꾸려

6개월간 공들여 독자적인 캐릭터를 만든 뒤
성우를 채용해 하루 열 번씩 생방송을 했다.
그런데 두 가지 문제가 있었다.
성우가 생방송을 진행하는 건 좋았으나
생방송을 하루에 열 번이나 진행하다 보니
성우의 목이 견디지 못했다.
성우를 섭외하기도 어려웠고
인건비가 느는 것도 부담이었다.
두 번째 문제는 자금이었다.
〈빅터프렌즈〉의 구독자를 늘리기 위해선
월 수천만 원의 광고비를 수개월간 써야 했다.
또한 200회 넘게 방송을 진행하며
인건비, 개발비 등으로 수익이 지출된 상태였다.
나는 당시 개발 법인과 마케팅 법인의 대표였고,
개발 법인에 필요한 자금을
마케팅 법인에서 조달하려 했으나
마케팅 법인의 직원들이 강하게 반대하여
나의 계획은 무산되었다.
결국 자금을 조달하기 위해
벤처 기업 수십 곳의 문을 두드리며

투자 제안서를 설명하고 의견을 물었으나,
그들은 이 사업이 무엇인지조차 이해하지 못했다.

〈빅터프렌즈〉의 고정 시청자는 수십 명,
신규 시청자는 수백 명까지 늘었고,
당연히 후기도 좋았다.
"아이들이 매일 〈빅터프렌즈〉 방송만 기다려요"
라는 학부모들의 진심 어린 후기를 보며
이 방향이 맞다고 확신했지만,
숫자로 증명되지 않는 현장의 반응은
내부 구성원도, 투자자도 설득하지 못했다.
결국 자금 조달의 벽을 넘지 못해
〈빅터프렌즈〉 개발팀을 해체해야 했다.

채널 퀴니의 몰락은
수익 모델이 사회적 저항에 부딪힐 때
얼마나 무력해지는지를 여실히 보여준다.
당장의 매출을 위해 설계한 ARS 과금 모델이
결국 요금 폭탄이라는 부메랑이 되어 돌아온 것이다.
사업가가 수익 구조를 짤 때는

단순히 돈이 들어오는 통로뿐 아니라
그 방식의 지속 가능성을 깊이 고민해야 한다.
15년여 뒤 유튜브라는 새로운 생태계에서 시도한
〈빅터프렌즈〉는 그 실패의 교훈 위에 세운 기획이었으나,
사업은 기획의 완성도만으로 굴러가지 않았다.

폭발적으로 증가하는
인건비와 고정비를 감당할 체력이 부족했고,
내부 구성원을 설득하는 과정 또한 순탄치 않았다.
숫자로 증명되지 않는 한
현장의 뜨거운 반응에는 아무런 힘도 없었다.
결국 사업가에게 기획의 실행이란
단순히 좋은 상품을 내놓는 일이 아니다.
사업을 기획할 때는 먼저 이 세 가지 질문에
스스로 명확히 답할 수 있어야 한다.

1. 이 사업의 수익 모델은 지속 가능한 것인가?
2. 회사의 구성원은 이 사업을 해야 할 이유를 명확히 알고
   있는가?
3. 숫자를 근거로 이 사업의 비전을 제시할 수 있는가?

이 질문들에 대한 답을 찾아가는 과정 전체가

기획이자 실행이다.

이러한 질문을 던지지 않고 무작정 일을 진행한다면

그것은 사업이 아니라 값비싼 실험으로 끝날 가능성이 높다.

Note 2

사업이 흔들릴 때

어떤 사장은 스스로 위기를 만든다

성공은 형편없는 스승이다.
똑똑한 사람들을 기만하여
자신은 절대 실패하지 않을 거라고
착각하게 만들기 때문이다.

• 빌 게이츠(마이크로소프트 창업자) •

사업이 성장할 때 보이지 않는 것

랭귀지 위자드를 시작으로 우리의 사업은 빠르게 성장했다.

연세대 신입생 영어 평가 시스템부터

아시아나항공 승무원 영어 평가 시스템,

어린이용 영어 동화책 스마트 학습 시스템까지.

우리의 어학 솔루션은 날이 갈수록 고도화되며

안정적인 궤도에 접어들었다.

그러나 어학 솔루션이라는 좁은 분야에서

사업을 더 키우기에는 서서히 한계가 보이기 시작했다.

수많은 기업이 소셜게임이나 웹 개발 등으로

제각각의 전문 분야를 확정하던 시기,

운 좋게 우리가 선택한 어학이라는 분야 덕분에

7년이나 버틸 수 있었지만, 딱 거기까지였다.

랭귀지 위자드는 설계 단계부터

유지보수와 시스템 확장에 유리한

모듈형 설계 방식을 차용했다.

그 덕에 '랭귀지 위자드 3'까지

수월하게 개발할 수 있었지만

사업의 확장은 더뎠다.

당시 팀 RS의 수익 구조는 프로그램을 개발해 공급한 뒤

수년에 걸쳐 사용료를 받아 개발비를 회수하는 형태였다.

그런데 2011년에 가장 큰 고객사가 파산하며

회수해야 할 원금 1억 원이 허공으로 날아가 버렸다.

새로운 계약을 따낸다고 해도

당장 몇 달을 버틸 재간이 없었다.

그때 구세주처럼 기술보증기금이 나타났다.

서류를 제출하자

법인 전환을 조건으로 1억 원의 융자가 승인되었고,

그렇게 친구끼리 사부작거리던 '팀 RS'는

'RS 인터렉티브'라는 법인 기업이 되었다.

하지만 기술보증기금에서 대출한 자금도

어느덧 빠르게 사라져 버렸다.

법인을 세운 지 얼마 되지 않아

폐업이 기정사실처럼 다가온 것이다.

그런데 바로 그 시기에 나는 벤츠를 리스했다.

지금 생각해도 미친 짓이었다.

당장 다음 달 직원 월급을 걱정해야 하는 처지에

월 100만 원이 넘는 리스료를 짊어진 것이다.

당시의 나는 이 무모함을 이렇게 합리화했다.

"사업가는 겉모습도 중요해.
S클래스는 못 타도 C클래스 정도는 타야
거래처에서 무시당하지 않지."

미팅에 나가 테이블에 벤츠 키를 무심한 듯 올려놓을 때면,
상대방의 눈빛이 미세하게 흔들리는 것도 같았다.
나는 그 묘한 쾌감을 느끼며,
이것이 나의 영업 노하우라고 굳게 믿었다.
벤츠는 가난한 사장의 무기였고,
그 무기 덕분에 당당하게 미팅을 주도할 수 있었다.

실제로 계약 성사율도 올라갔지만,
사실 계약에 영향을 미친 건
벤츠가 아니라
자신감에 차 눈을 반짝이는 내 태도였을 것이다.
그러나 나는 그 사실을 미처 깨닫지 못한 채
겉치레가 주는 자신감에 취했고
사업의 내실을 다지는 데는 소홀했다.

아이폰이 출시되면서

개발사들이 웹 개발에서 앱 개발로 넘어가고 있었지만,

나는 비용이 많이 든다는 핑계로

익숙한 기술을 고집하다가

그 거대한 흐름을 놓치고 말았다.

사장의 격은 겉모습에서 나오는 게 아니라는 사실을,

나는 너무 큰 비용을 치른 뒤에야 비로소 깨달았다.

욕심에 눈이 멀다

어학 솔루션을 공급받던 고객사 한 곳에서 도움을 요청했다.

사용 중인 영어 동화책 로열티가 너무 높으니

이를 대체할 만한 해외 원서를 찾아 달라는 부탁이었다.

사실 개발사가 할 일은 아니었지만,

가장 많은 매출을 올려주는 고객사였기에 외면할 수 없었다.

평소 친분이 있던 콜린스 한국 지사장님께 연락해

괜찮은 조건의 도서가 있는지 물었고,

지사장님은 '빅캣 시리즈'를 추천했다.

고객사가 혹시나 불리한 계약을 맺지 않도록

1년간 선지급금 없이,

기존 로열티의 3분의 1 수준으로

1000권의 도서를 계약하는 파격적인 조건을 끌어냈다.

당연히 고맙다는 말을 들을 줄 알았다.

그러나 고객사는 뜻밖에도 콜린스와의 계약을 거절했다.

당장 도서를 교체하면

콘텐츠를 다시 제작해야 해서 부담스럽다는 이유였다.

콘텐츠는 1억 원이면 교체할 수 있었고,

매달 아낄 수 있는 로열티는 2천만 원이 넘었다.

1년이면 1억 2천만 원 이상을 아끼고

그다음 해부터 고스란히 이익이 돌아오는 구조였음에도,

첫 창업에 등 떠밀려 대표가 된 그의 눈에는

그 명확한 숫자가 보이지 않는 듯했다.

내 계약도 아니었건만,

실컷 계약 조건을 협상해 놨는데

판을 엎어버린 고객사 탓에

콜린스 측에 면목이 없었다.

나와 회사의 신뢰도에 먹칠을 했다는 생각에

잠을 설치다 결단을 내렸다.

평소 함께 손발을 맞추던 서버 회사의 A대표,

영어 콘텐츠 제작사의 B대표와 손을 잡고

직접 영어 교육 프랜차이즈 사업에 뛰어들기로 한 것이다.

삼성전자에 서버를 납품할 만큼 탄탄한 A대표의 기술과

B대표의 콘텐츠,

여기에 우리 회사의 검증된 어학 솔루션까지.

성공하는 데 필요한 조건은 충분해 보였다.

우리는 금세 의기투합해 서로의 법인을 합치기로 했다.

사업의 주도권은 나에게 있었지만,

이번만큼은 대표라는 무거운 짐을 내려놓고 싶었다.

결국 A대표에게 지분 50퍼센트를 주고 대표직을 맡겼고,

나와 B대표는 각자 25퍼센트씩 지분을 가진 채

이사로서 힘을 보태기로 했다.

이미 합을 맞춰본 사람들이라

일을 진행하는 데 막힘이 없었고,

그 덕에 6개월도 지나지 않아서

내 생애 최고의 역작이라고

자부할 만한 프로그램이 완성되었다.

문제는 마케팅이었다.

좋은 프로그램만 만들면 세상이 알아줄 거라 믿었지만,

교육 시장의 마케팅 방식은 달랐다.

몇 달간 시행착오를 거치며 고군분투 했음에도

난관을 돌파할 길이 보이지 않았다.

그때 예전에 함께 프로젝트를 진행한

프랜차이즈 영업 전문 회사의 대표가 떠올랐다.

끝이 좋지 않았기에 깊이 신뢰하기 힘들긴 해도

그의 마케팅 수완만은 알아줘야 했다.

결국 그와 몇 번 만난 다음

과거의 감정은 접어두고 다시 손을 잡았다.

그는 가맹 사업권을 넘겨주면

유료 회원 1만 명을 만들어 주겠노라 호언장담했다.

회원 수가 늘면 가맹점도 늘릴 수 있으니

자연스럽게 사업을 확장할 수 있을 터였다.

결국 서로에게 좋은 일이라는 생각에

흔쾌히 가맹 사업권을 넘기고 부사장 자리를 내주었다.

이 선택이 어떤 파국을 불러올지

그때의 나는 상상도 못 했다.

부사장이 데려온 이들은 소위 말하는 '가맹꾼'들이었다.

상담 조직을 꾸리고 창업 광고를 쏟아내

전국에서 가맹점주를 모집하는 그들의 추진력은

모두가 혀를 내두를 정도였다.

'꾼'들이 판을 짜고 바람을 잡으니

죽어가는 아이템도 기적처럼 살아났다.

좋은 제품에 영업 능력이 뒷받침된다면

어디까지 시너지가 날 수 있는지 신기할 지경이었다.

하나둘 체결되던 가맹 계약은 어느덧 700개를 돌파했고,

회원 수는 1만 명에 육박했다.

나는 내가 프랜차이즈의 신화라도 쓴 줄 알았다.

하지만 그 화려한 성을 쌓아 올린 건 내가 아니라

도덕성 따위는 안중에도 없는 꾼들이었다.

그들은 가맹점주들의 피눈물 섞인 돈으로

수입차를 사고 룸살롱을 드나들며 흥청망청 돈을 썼다.

나는 그 사실을 알면서도

매출이라는 허상에 취해 눈을 감고는,

'나는 기술만 댔으니 괜찮아'

라는 비겁한 변명 뒤에 숨었다.

지분율 50퍼센트의 함정

파국은 금세 찾아왔다.

부사장이 모집한 회원 1만 명은

대부분 한 달짜리 유료 체험 고객에 불과했기에,

회사의 자금은 급속도로 말라갔다.

엎친 데 덮친 격으로

대표직을 맡긴 A대표가 합작 법인의 돈을

자신의 개인 법인으로 빼돌린 사실이 드러났다.

그제야 빚을 내서 가맹점을 낸 점주들의 얼굴이 떠올랐다.

나는 생전 처음 악역을 자처하기로 했다.

변호사와 세무사를 대동해 배임과 횡령 사실을 확인하고

A대표를 몰아낼 판을 짰다.

문제는 지분이었다.

나와 B대표의 지분을 합쳐도

A대표와 지분율이 5대 5였다.

합작 법인을 세울 때

의사결정의 효율성을 고려하지 않은 대가는 혹독했다.

우리가 싸우는 사이 회사는 멈춰 섰고,

그 틈을 타 가맹꾼들이 정치질을 시작하자

나는 내가 만든 회사에서 철저히 고립되었다.

지분율이 51퍼센트를 넘지 않는다면

언제든 갈아치울 수 있는

월급쟁이 임원에 불과하다는 사실을

그 고립 속에서 깨달았다.

경영권 방어가 안 되는 회사는

파도 한 번에 허물어지는 모래성과 같았다.

그래도 포기할 수는 없었다.

이사회와 주주총회를 열어

직원들 앞에서 A대표의 치부를 낱낱이 공개했다.

직원들이 싸늘한 반응을 보이자

그는 물러나는 조건으로

자기 지분 가치에 상응하는 거액을 요구했다.

하지만 이미 그가 자금을 긁어 간 탓에

회사에는 다음 달 직원들에게 줄 급여도 없는 마당이었다.

궁리를 거듭하다 정관에서

'회사가 자금난에 처할 경우

제3자로부터 투자를 받을 수 있다'

라는 조항을 찾아냈고,

급히 투자자를 찾아와 이사회 의결을 마쳤다.

그렇게 자본금의 열 배를 넣어

기존의 지분 가치가 10분의 1로 쪼그라들었다.

결국 A대표는 형사 고발을 하지 않는다는 조건으로

주식을 내놓고 떠났다.

앞으로 해결해야 할 일이 더 많았기에

A대표가 나가고 나서도 그리 통쾌하지는 않았다.

얼마 지나지 않아 가맹꾼들은

적합한 전문 경영인이라며 M대표를 추천했다.

차라리 내가 대표를 맡는 게 나을 것 같았지만

자칫 잘못하면 엄청난 소송에 휘말릴 수 있어서

그들이 원하는 대로 M대표를 대표이사로 선임했다.

내부 문제도 해결했으니

이제는 한숨 돌릴 수 있을 줄 알았다.

그런데 M대표가 전국을 순회하며

회삿돈으로 지사 지점장들에게 술을 사고 다니는 것이 아닌가.

처음에는 M대표가 회사와 조직의 안정을 위해

필요한 일을 잘하고 있다고 착각했다.

그러나 알고 보니 M대표는
티 나지 않게 가맹꾼들을 돕고 있었고,
급기야 가맹꾼들이 나와 B대표를 쫓아내고
회사를 집어삼키려 한다는 소문이 자꾸 들려왔다.
나는 참다 참다 지사장 회의에서 폭탄선언을 했다.
가맹꾼늘과의 계약을 싸기하고
독자적으로 회사를 운영하겠다고.
그러자 M대표의 얼굴에 비웃음이 번졌다.
그 표정이 마치
'네까짓 게 할 수 있겠어?'라고 말하는 듯했다.
나와 M대표 사이에 긴장감이 흐르자
가맹꾼들도 이건 좀 위험하다고 생각했는지
그들의 대표이사를 내보냈다.

가맹꾼들이 회사를 좌지우지할 수 있었던 이유는
그들이 우리의 생명 줄을 쥐고 있었기 때문이다.
당시 우리 회사는 가맹 계약이 끊기면
수익이 발생하지 않아 매우 곤란해지는 상황이었고,
그들은 이 사실을 잘 알고 있었다.
그들의 프랜차이즈 영업 전문 회사는

외부 업체면서도 업무 효율을 위해

우리와 같은 공간에서 일하고 있었는데,

그들은 이 점을 이용해 회사의 임직원들을

제 손에 쥐고 쥐락펴락했다.

우습게도 당시 나와 B대표는

회사의 대표라는 자리에서 있으면서도

다른 임직원들과 똑같이 가맹꾼들에게 이리저리 휘둘렸다.

산전수전 다 겪은 '꾼'들을 상대하기에는

나도 B대표도 아직 어렸고,

그렇게 큰 조직을 이끈 경험도 없었다.

사실 세 회사를 합칠 때

A대표를 합작 회사의 대표로 세운 것도 이 때문이었다.

그래서 A대표가 회사를 나갔을 때

전문 경영인이 필요했다.

제대로 알지도 못하는 사람을 대표로 선임할 만큼

그때의 나는 사람 보는 안목도,

회사를 경영하는 능력도 부족했다.

가맹꾼들은 이후 유명 영어 강사를 대표이사로 선임했다.

탐욕을 숨긴 채 회사를 위하는 척하는

그들의 영악한 머리싸움에 신물이 났다.

나는 결국 8000만 원이라는 헐값에 어학 솔루션을 넘기고

그 지긋지긋한 곳을 빠져나왔다.

내가 이름까지 지으며 아꼈던 그 회사는

한참을 더 위태롭게 버티다,

2023년에 폐업 소식을 전해왔다.

동업자를 고르는 기준

사업이 안정적인 궤도에 접어들던 어느 날
나는 수입차 동호회에 나가기 시작했다.
처음에는 허세로 구매하긴 했어도
정말로 차를 좋아했기 때문이다.
호기심에 나간 동호회 모임에서
동갑내기 회원들과 금방 마음을 터놓는 사이가 되었고,
동호회에서 만난 한 친구에게
자동차 튜닝 사업 동업을 제안받았다.
자신이 독일에서 좋은 튜닝 제품을 찾았으니
한국에 들여와서 판매하면
수입이 좋을 것이라는 말에 솔깃했지만
본업이 우선이었기에 정중히 거절했다.

겨울이 지나고 사업에서 잠시 숨을 고를 무렵,

"수입차 비중 10퍼센트 돌파,

향후 5년 내 40퍼센트까지 늘어날 것"

이라는 뉴스가 눈에 띄었다.

문득 그 친구의 안부가 궁금해 연락해 보니,

다른 시인과 함께 총판권을 가져와 마케팅을 시작했지만,

3개월 동안 단 두 대를 파는 데 그쳤다고 했다.

그마저도 지인 판매였다.

며칠 전 본 뉴스도 떠오르고,

내가 잘 아는 분야이기도 하니,

힘을 합치면 시너지가 나겠다는 확신이 들었다.

그렇게 나의 동업은 다시 시작되었다.

내가 좋아하는 자동차를 마음껏 만지고

동호회 사람들과 어울리며 돈까지 벌 수 있다니.

그야말로 꿈에 그리던 덕업일치의 삶이었다.

신이 나서 미친 듯이 일에 매달렸지만

의욕과 달리 6개월간 매출은 제자리걸음이었다.

각자 본업이 있는 파트너들을 재촉하는 것도

쉬운 일이 아니었다.

조급해진 나는 직접 홈페이지를 만들고
고객이 있는 곳이라면 어디든 달려가 칩 데이터를 실측했다.
제안서와 상세 페이지,
브랜드 로고까지 직접 디자인하고, AS도 도맡았다.
파트너 둘은 각각 독일 본사와의 의사소통과
제품 장착 지원을 맡았다.
결코 공평한 역할 분담은 아니었지만,
동업하다 보면 누군가는 손해를 볼 수도 있다고 생각했다.
"우린 친구니까, 네가 해외랑 소통해 줘. 현장은 내가 뛸게."
그런 순진한 말로 스스로를 다독였던 것도 같다.

본격적인 마케팅을 위해
수입차 인터넷 동호회를 공략하기 시작했다.
평소에도 활동하던 '클럽 벤츠'를 시작으로
'아우디매니아', '클럽 BMW', '비머베르크', '폭스바겐', '미니' 등
주요 수입차 커뮤니티에 입점했다.
게시판 하나를 쓰는 제휴비가
카페당 월 20만 원에서 80만 원에 달해,
1년 뒤엔 제휴비로만 매달 수백만 원이 나갔다.
하지만 투자한 만큼 매출은 폭발적으로 늘어났다.

우리는 엔진에 장착해

출력을 20~30퍼센트 높여주는

'스위스칩'을 주력으로 내세웠다.

특히 독일 본사의 데이터에만 의존하지 않고,

한국 차량 하드웨어를 직접 실측한 데이터를

스위스칩에 탑재해,

'엔진 경고등이 뜨지 않는 안정적인 제품'이라는

신뢰를 쌓았다.

독일 본사와 1년에 걸친 연구 개발 끝에

주요 차량의 데이터를 모두 확보하자

파워킷*을 사겠다는 사람들이 줄을 서기 시작했다.

2년 만에 3000대 판매라는 기록을 세우고

누적 매출 30억 원을 달성했을 때쯤

이 사업을 잘 키워

종합 튜닝 브랜드로 도약하는 날을 꿈꿨다.

실제로도 가능성도 충분해 보였다.

그래서 전 세계를 샅샅이 뒤진 끝에

칩 튜닝 라인업을 다섯 개로 늘리고

---

*   주로 차량의 엔진 출력과 성능을 높이기 위해 사용하는 전자제어장치.

출력부터 배기음, 휠, 브레이크, 바디킷까지,

모든 수입차 튜닝 라인업을 갖춘

완벽한 포트폴리오를 구축했다.

하지만 행복은,

아니 나의 착각은 딱 거기까지였다.

사업 전략 수립부터 고객 응대,

자동차 튜닝 작업, 카페 및 블로그 포스팅까지.

업무의 80퍼센트 이상을 나 혼자 담당하면서도

수익은 셋이서 똑같이 나눴다.

당시 나는 사업을 키울 수만 있다면

조금 손해를 보더라도 괜찮다고 생각했다.

그래서 사업 확장을 위해

모두가 몇 달 동안만 급여를 재투자하자고 제안했다.

우리가 대한민국 최고의 튜닝 그룹이 되는 날이

머지 않았다고 진심으로 믿었기 때문이다.

그러나 어느 날부터인가

동업자 중 한 명이 자금 집행에 사사건건 간섭하기 시작했다.

다른 한 명도 은근히 동조하는 눈치였다.

나는 차라리 재무 업무를 가져가라며 둘을 달랬고,
그걸로 합의가 끝났다고 생각했다.
그런데 사업도 한 번도 안 해 본 그놈이
몰래 개인 사업자를 내며 내 뒤통수를 쳤다.
매달 들어오던 1000만 원이 더 이상 안 들어오니
딴생각을 품은 것이었나.
배신감에 치가 떨렸지만, 내가 할 수 있는 건 없었다.
우리 사이엔 그 흔한 계약서 한 장 없었으니까.

그러니 그 상황을 만든 건 그 친구가 아니라
멍청하게 끝까지 그를 믿고 있던 나였다.
또 성장을 위해 급여를 받지 말자고 한 내 결정 역시
무리하게 재투자를 하며 주주에게
배당금을 주지 않는 기업과
크게 다르지 않은 행태가 아니었을까.
결국 모든 것은 비전을 명확히 공유하지 못한
내 부족함에서 비롯된 결과였다.

젊은 날에는 우리끼리 뭉치면
세상을 바꿀 수 있다고 생각하며

친구와 의기투합해 창업하는 경우가 많다.

처음엔 컵라면만 먹으며 밤을 새워도 행복하다.

하지만 회사가 돈을 벌기 시작하거나

빚이 쌓이기 시작하면 반드시 균열이 생긴다.

친구라는 관계는 수평적인데,

회사가 돌아가려면 대개 수직적인 구조가 필요하다.

대표인 당신이 친구에게 업무 지시를 내릴 때,

친구가 "너 나한테 명령하냐?"라며 자존심을 세우거나

반대로 친구가 큰 실수를 해도

"친구니까 한 번 봐주자"라며

공사 구분을 못 한다면,

회사는 동아리 수준을 벗어나지 못한다.

나 역시 친구 및 지인들과 10년 넘게 사업을 해오면서

결국 돈 문제나 자존심 문제로 법정 공방 직전까지 가야 했다.

친구와 동업하려면

사업자 등록증을 내기 전에

피 튀기는 합의가 선행되어야 한다.

회사 안에서 누가 상사고 부하인지,

지분은 각각 몇 퍼센트로 나눌지,

합의를 어기면 어떤 대가를 치를지.

이러한 합의를 문서로 남기고 도장을 찍을 수 없다면,

애초에 함께 사업을 하지 말아야 한다.

그게 친구도 지키고 사업도 지키는 유일한 길이다.

나는 여러 번 동업을 했는데,

우습게도 매번 사람을 믿다가 뒤통수를 맞았다.

'우리 사이에 무슨 계약서야'라는 순진한 생각이 화근이었다.

지금은 분명히 알고 있다.

계약서는 서로를 못 믿어서 쓰는 게 아니라

끝까지 믿기 위해서 쓰는 것이라는 사실을.

동업은 하지 말라고 말하고 싶지만,

자금도 노하우도 기술도 부족한

초보 사업가에게 동업은 피할 수 없는

선택지인 경우가 많다.

그렇다면 이때 다음의 세 가지 사항만은

반드시 주의하기를 바란다.

첫째, 초보와의 동업은 피하라.

자금과 노하우와 기술이 부족한데

나와 비슷하게 부족한 사람과 동업을 한다는 건

처음부터 아이러니한 상황이다.

그나마 사업이 깔끔하게 실패하면

언젠가 다시 만나서 웃으며 이야기할 수 있지만,

사업이 성공한 다음에

의견을 조율하지 못하거나 돈 문제가 생겨 헤어지면

평생의 원수가 된다.

둘째, 실패만 해본 대표와의 동업은 피하라.

자신이 실패한 이유를

정확하게 분석하고 복기한 사람이 아니라면,

그는 성공하는 방법을 모르는 사람이다.

반드시 피할 것을 권한다.

셋째, 경험이 어정쩡한 대표와의 동업은 피하라.

성공이나 실패의 끝을 보지 못한 사람은

똥인지 된장인지 구분 못 하고

무작정 도전하려고만 한다.

가장 좋은 사업 파트너는

계획에 따라 성공을 만들어본 경험이 있는 대표다.

하지만 최고의 선택은 역시 동업하지 않는 것이다.

경험을 쌓아 혼자 할 수 있는 능력을 키워라.

Note 3

잘 만든 제품보다
잘 파는 능력

실패해도 괜찮아, 마케팅이 있으니까

마케팅은 무엇을 만드느냐가 아니라
어떤 스토리를 들려주느냐의 문제다.

● 세스 고딘(前 야후 마케팅 부사장) ●

빠른 행동이 실력이다

따뜻한 봄볕이 내리쬐던 날로 기억한다.

성공적인 엑시트라고 하기에는 적은 돈을 받고

나는 다시 자유가 되었다.

대학교 1학년 때부디 달려오기만 한 터라

15년 만에 맞는 첫 백수 생활에 너무 설레고 행복했다.

퇴사하던 날 직원들의 배웅을 뒤로하고

함께 퇴사한 마케팅 팀장과 한강으로 갔다.

우리는 치킨에 맥주를 곁들이며

그 순간의 낭만을 만끽했다.

머릿속을 비워내니 비로소 속이 트이며

앞으로의 삶이 하얀 백지처럼 느껴졌다.

당장은 그 백지에 점 하나도 찍지 않고

완벽한 평온을 즐기고 싶었다.

하지만 내 바람과는 달리

내 삶은 이미 다음 장에 들어가고 있었다.

내 법인은 직원이 한 명도 빠짐없이

영어 교육 프랜차이즈 사업에 흡수되어

껍데기만 남은 상태였고,

지긋지긋한 어학 솔루션의 세계로 돌아갈 마음은 없었다.

이 시기에는 페이스북이라는 거대 플랫폼이

마케팅 시장을 지배하고 있었다.

제품의 질이 조금 떨어져도 적절한 광고만 태우면

광고 비용 대비 수익률이

500퍼센트 이상은 우습게 찍히던 황금기였다.

직전까지 몸담고 있던 회사에서 마케팅 이사로 일하며

수십억 원을 집행해 본 덕에

내게는 마케팅에 관한 인사이트가 있었다.

마케팅 대행사를 만들어

이 파도에 올라타기로 결심했다.

같은 시기에 오랫동안 알고 지낸 친구가

'더잠'이라는 여성 언더웨어 쇼핑몰을 500만 원에 인수했다.

거의 폐업 직전의 쇼핑몰을

회원 데이터 가치만 매겨 가져온 것이니,

사실상 황무지에서 시작하는 것과 다름없었다.

우리는 마케팅 고객을 유인할 소개서를 작성하고

우리가 어떤 성공을 맛봤는지
꾹꾹 눌러 담아 한 페이지짜리 웹사이트를 만들었다.

최소한의 준비를 끝내고
페이스북 광고 시장을 선점하기 위해 빠르게 행동했다.
어떻게 하면 좋을시 고민힐 시긴에
일단 페이스북 광고를 실제로 해보고
데이터부터 얻기로 결정한 것이다.
남들이 책 보고 공부할 때 나는 돈을 태우며 공부했다.
페이스북으로 비즈니스를 성공시킨 사례가 드물던 시절,
두 젊은 사업가가 만든 마케팅 대행사는
시장에 신선한 충격을 주었고
한 달도 안 돼 열 건의 계약이 성사되었다.
기획과 디자인을 맡은 친구와,
광고 운영을 맡은 나와 팀장.
셋이서 일궈낸 산뜻한 출발이었다.

하지만 가볍게 시작한 사업은 곧 부담으로 돌아왔다.
고객사들은 여윳돈을 맡긴 게 아니라
사업이 나아질 거라는 희망을 품고

힘겹게 조달한 돈을 맡긴 터라
광고에 대한 기대치가 높았다.
그들의 절실함에 비해
우리의 역량은 턱없이 부족했다.
밤낮과 주말을 가리지 않고 일했지만,
단 세 명이 열 개가 넘는 고객사와 소통하고
광고 콘텐츠를 만들고 모니터링하는 일은
물리적으로 불가능에 가까웠다.

성과에 대한 압박과 스트레스가 숨통을 조여왔다.
결국 우리는 잠시 숨을 고르기 위해
기존 고객사만 유지하고
새로운 팀원들을 채용해 다시 시작하기로 했다.
그동안은 쇼핑몰 사업에 집중했다.

백지에 점 하나 찍기 싫다던 바람은 어느새 사라지고,
나는 다시 치열한 전쟁터 한복판에 서 있었다.

조직과 직원이 맞지 않을 때

마케팅 대행사에 그렇게나 많은 시간을 쏟아부었건만,
아이러니하게도 초기에는 마케팅 대행사보다
쇼핑몰이 더 빠르게 자리를 잡았다.
페이스북 광고 하나만으로
사업을 시작한 첫해에만
무려 1000퍼센트가 넘는 경이로운 성장을 이뤘고,
어느덧 직원 수도 스무 명을 넘어섰다.
쇼핑몰 사업에 페이스북 광고를 더한 사업은
이후에도 계속해서 커질 것 같았다.

사업을 확장할 가능성이 보이자
공덕에 사무실 겸 물류창고를 계약하며
새로운 발판을 마련했다.
허름하긴 해도 100평이 넘는 공간이었기에
쇼핑몰 사무실로 안성맞춤이었다.
쇼핑몰 사무실의 한구석에는
마케팅 대행사 직원의 자리를 마련하고
본격적으로 마케팅을 운영할 사람을 모으기 시작했다.

창업 후 3개월이 지나서도
페이스북 광고에 대한 반응은 뜨거웠다.
아니, 시간이 갈수록 페이스북이라는 거대한 파도는
더욱 거세게 몰아치고 있었다.
앞날을 완벽히 예측할 순 없었지만,
한 가지 확실한 건
남들이 주저할 때 먼저 바다로 뛰어드는 자가
파도에 올라탈 수 있다는 사실이었다.

브랜드 마케팅과 영업은 익숙한 분야라 어렵지 않았으나,
문제는 계약 이후의 실무였다.
최대한 많은 경력자를 채용해서
그럴싸한 팀을 꾸리고 싶은 마음이야 굴뚝같았지만,
갓 태어난 마케팅 대행사에 관심을 주는 베테랑은 없었다.
허름한 창고 같은 사무실을 보여주기가 민망해서
면접도 늘 사무실 근처 카페에서 진행하던 시절이었다.
결국 열정과 패기만 가진 신입 사원들이라도
무작정 끌어모아 와서는
그들이 회사의 핵심 인재로 성장하기를
기다려주는 것 말고는 선택지가 없었다.

밀려드는 광고 의뢰는 마다하지 않고 전부 받았다.

계약이 넘치면 사람을 뽑고,

또 넘치면 또 뽑는 식이었다.

이렇게 빈자리에 사람만 채워 넣으면

머지않아 금세 대형 마케팅 대행사로

발돋움할 수 있을 거라 믿었다.

하지만 한 사람당 담당해야 할 고객사가 늘어감에 따라

곳곳에서 걷잡을 수 없는 누수가 발생하기 시작했다.

광고를 운영하는 일 자체는

나를 포함한 소수가 밤을 새워서라도

어떻게든 해낸다 쳐도

문제는 신입 사원들의 부족한 커뮤니케이션 능력이었다.

고객에게 신뢰를 주지 못하고 질질 끌려다니던 직원들은

결국 자신이 감당할 수 없는 클레임을 받고

막다른 길에서 나를 찾아왔다.

그중 유독 이 일과 성격이 안 맞는 직원이 있었다.

고객의 작은 불만이나 날 선 피드백 하나에도

쉽게 흔들리며 힘들어하는 직원이었다.

매일 불안에 떠는 그 모습을 보며

안쓰러운 마음도 들었지만,

결국 고심 끝에 그를 불러 조심스럽게 퇴사를 권유했다.

그를 내보내고, 매일 계속되는 야근과

고객사들의 요구에 시달리면서

나는 내 마음을 고쳐먹기로 했다.

열 건의 계약을 체결해도

그중 한두 개는 깨질 수 있다고 생각하니 마음이 편했다.

직원들을 향해 '대체 왜 이걸 못해?'라고 다그치는 대신,

'아직 어리니까 모르는 게 당연하지'라고 스스로를 다독였다.

직원들을 아무것도 모르는 '내 동생들'이라고 생각하자

거짓말처럼 조급함이 사라졌고

더 이상 스트레스받을 일도 없었다.

나는 내가 꽤 관대하고 성숙한 리더가 된 줄 알았다.

하지만 돌이켜보면 그건 리더십이 아니었다.

비즈니스의 냉혹함을 회피하기 위해 만들어낸 '위선'이자,

사장으로서 마땅히 져야 할 책임을 방기한

'무능'이었을 뿐이다.

회사는 동아리가 아니고, 직원은 가족이 아니다.

일상에서는 가족이 아무리 사고를 쳐도
최대한 이해해 주려는 노력이 필요할지 모른다.
하지만 고객의 돈을 받는 프로의 세계에서
동정심으로 누군가를 품어주는 것은
결국 밤새워 일하는
다른 유능한 직원들의 사기까지 떨어뜨리는 독약이 된다.

만약 그때로 돌아간다면,
나는 내 마음 하나 편해지자고
그런 직원들을 가족이라고 포장하지 않을 것이다.
열 개를 계약하면 한두 개는 깨질 수 있다는
거짓 위안에 안도하는 대신,
직원들을 교육하여 계약 열 개 모두를
지켜내게 할 것이다.
멘탈이 약한 직원을 안쓰러워하며
굳이 그를 위한 일을 만들어 주는 대신,
가장 냉정하고 빠르게 이별을 통고할 것이다.
착한 사장으로 남고 싶다는 강박이
조직을 병들게 한다는 사실을 그때는 몰랐다.

조직과 맞지 않는 직원을 해고하는 일은
결코 잔인한 일이 아니다.
진짜 잔인한 일은,
맞지 않는 옷을 입은 사람을 억지로 끌고 가며
회사와 그 사람의 귀한 시간을 동시에 낭비하는 것이다.
동정심으로 굴러가는 회사는
결국 세상의 동정을 받는 처지로 전락하기 마련이다.

인력 기반 사업의 한계

쇼핑몰 매출이 30억 원을 넘어서자
공덕의 창고형 사무실은 포화 상태에 이르렀다.
마케팅 대행사의 직원도 열 명을 웃돌며
30여 곳의 고객사를 책임지고 있었으니
이사는 피할 수 없는 수순이었다.
유동 인구에 치이는 번잡한 도심보다는
호젓한 곳으로 가고 싶어 고민하던 차에,
우연히 방문한 연희동의 한적함에 매료되어
그곳에 자리를 잡았다.

이후 쇼핑몰 매출이 60억 원을 넘기고
마케팅 대행 사업도 무럭무럭 자라나면서,
결국 두 법인의 사무실을 분리했다.

공간을 나누기 전까진 마케팅 고객이 찾아오면
수백 개의 택배 상자가 산더미처럼 쌓인 광경을
그대로 보여주곤 했다.
그 투박한 광경이
오히려 우리를 향한 신뢰가 된다는 걸 알고 있었기에,
일부러 택배 나가기 전 시간에 맞춰 미팅을 잡기도 했다.
밖에서 보기에 우리는 승승장구하는 청년 사업가였다.
일주일에도 몇 건씩 인터뷰 요청이 왔지만,
정작 나의 고민은 깊어졌다.

동대문에서 옷을 떼다 파는 사업 구조의 쇼핑몰은
수익률이 7퍼센트가 채 되지 않았고,
마케팅 대행 사업은 들어가는 공에 비해
남는 것이 별로 없었다.
우리의 최소 계약 기준은
대략 월 3000만 원이었고,

운영 수수료와 콘텐츠 제작비를 뺀

순매출이 25퍼센트 정도였으니,

인건비까지 제하면 고객당 수익은

많아야 300만 원 남짓이었다.

기획부터 디자인 컨펌, 전략 수립과 모니터링,

여기에 분석 리포트까지

적어도 네다섯 명의 인력이

한 고객에게 매달려야 하는 구조였기 때문이다.

그래서 마케팅에 많은 예산을 투자하는

고객사와 계약을 체결하지 못하면

애초에 이익을 내기 힘든 사업 모델이었다.

고민 끝에 최소 마케팅 계약 금액을 대폭 올렸다.

쇼핑몰 역시 자체 제작 상품을 늘리고

사입 제품의 마진율을 높였다.

그리고 하루에 500만 원씩 들여 광고하니

광고비가 네 배, 다섯 배가 되어 돌아왔다.

그렇게 마케팅 대행사의 규모를 키워

직원 수를 30명까지 늘렸지만,

마케팅 대행 사업은 겨우 흑자로 전환했을 뿐이었고

쇼핑몰 수익률도 10퍼센트가 한계였다.

당시 많은 후배가 마케팅 대행사를 차리면

돈을 좀 버냐고 묻곤 했다.

그럴 때마다 나는 씁쓸하게 웃으며 대답했다.

"밥은 먹고 산다. 그런데 부자는 못 된다."

겉보기에 내 삶은 화려했을 것이다.

회사의 직원은 수십 명에 달했고

많은 유명 브랜드가 우리에게 광고를 맡겼다.

페이스북 광고비로 월 수억 원을 집행하니,

매체사에서도 우리를 VIP로 대접했다.

하지만 정산일이 되면 나는 어김없이 우울했다.

10억 원이 들어와도 광고비로 8억 원이 나가고,

직원 인건비로 1억 5000만 원이 나가고,

임대료와 잡비로 4000만 원이 나갔다.

남는 건 1000만 원. 이게 마케팅 대행업의 현실이었다.

나는 사장이라기보다는

그저 거대한 현금의 흐름이

잠시 머물다 가는 정거장이었을 뿐이다.

'물 들어올 때 노 저어야 한다'

라는 말만 믿고 배의 덩치를 키웠지만,

마케팅 대행업의 본질은

결국 사람을 갈아 넣는 비즈니스였다.

매출을 늘리려면 사람을 더 뽑아야 하고,

사람이 늘면 관리 비용은 기하급수적으로 뛴다.

그런데 고객사가 주는 수수료는 시장가로 책정된다.

마진은 빤한데 리스크는 오로지 내 몫이었다.

더 무서운 건 플랫폼 종속성이었다.

대형 플랫폼이 알고리즘이나

개인정보 보호 정책을 바꿀 때마다

회사의 운명도 휘청였다.

광고 효율이 떨어지면 고객사들은 썰물처럼 빠져나갔다.

우리는 그저 플랫폼이라는 지주에게

소작료를 내는 소작농 신세였다.

마케팅 대행사는 결국 남의 성을 쌓아주는 일꾼에 불과하다.

아무리 높게 쌓아도 그 성은 내 것이 아니다.

고객사가 계약을 끊는 순간,

공들여 쌓은 성은 하루아침에 사라진다.

마케팅 대행사로 초기 자금을 모을 수 있을진 몰라도,

평생 남의 성만 쌓겠다는 생각은 버려야 한다.

나만의 팬덤, 나만의 제품, 나만의 브랜드가 없다면,
영원히 '을'의 굴레를 벗어날 수 없다.
매출이라는 덩치에 속아서는 안 된다.
진짜 중요한 건 순익이고,
더 중요한 건 그 순익이 '내 것'이냐는 점이다.

10년 후에도 변하지 않는 것

마케팅 대행사에 좋은 인재들이 채워지고
새로 만든 전략기획팀의 제안이 맞아 들어가며
유명 대기업들과의 계약이 줄을 이었다.
이때가 내 마케팅 대행사의 황금기였다.
레퍼런스는 꾸준히 쌓였고
인원 충원과 고객 연장이 맞물리며
사업은 선순환 궤도에 올랐다.
페이스북에만 치중했던 매체 전략 또한
검색 광고와 디스플레이 광고,

ATL,[*] BTL,[**] 바이럴까지 확장했다.
이 시기 우리는 TV 광고까지 집행할 수 있는
종합광고대행사 자격까지 취득하며 몸집을 불려나갔다.

쇼핑몰은 자체 제작 상품들이 판매 순위 상위권을 휩쓴 덕에
수익률이 꾸준히 올랐다.
매출이 70억 원에 달하자
이곳저곳에서 투자 제안이 쏟아졌다.
이때 다시 개발사를 만들어야겠다는 생각이 들었다.
마케팅 대행업의 수익 구조로는 채울 수 없는
근본적인 갈증이 있었다.
마케팅 대행사의 임원들은 돈이 되지 않을 거라며
개발사 창업을 반대했지만,
내 생각은 확고했다.

십수 년간 현장을 구르며 쌓은 개발 감각에
마케팅 대행사를 운영하며 얻은 노하우가 합쳐진다면

---

* 　TV, 라디오, 신문 등 전통 매체를 활용한 마케팅.
** 　이벤트, 팝업스토어, PPL 등의 직접 마케팅.

분명 비즈니스에 날개를 달 수 있으리라 확신했다.

실제로 마케팅의 생리를 제대로 알기 전

손익분기점을 넘은 사업 아이템은

고작 다섯 개 중 하나꼴이었지만,

마케팅을 깨달은 후에는

두 개의 아이템에 도전하면

적어도 하나는 손익분기점을 넘길 수 있었다.

터무니없는 헛발질은 사라지고

마케팅, 영상 제작, 개발을 모두 원가로 할 수 있는

무시무시한 창업 공장을 갖춘 셈이었다.

수많은 고객사의 의뢰를 해결하며

트렌드의 맥을 짚을 수 있다는 건 덤이었다.

새로운 개발사를 만들며

앱 개발 전문이라는 명확한 목표를 세웠다.

생산성이 뛰어난 리액트 네이티브ReactNative 개발자들과

기획자, 디자이너를 모아

일곱 명 규모로 첫 팀을 꾸렸다.

2018년만 해도 리액트 개발을

제대로 하는 사람이 많지 않았으나

나는 과거의 기술적 실수를 반복하고 싶지 않았기에
기꺼이 미래에 투자했다.
10년간 통용될 개발 방식과 원 소스 멀티 유즈,
즉 하이브리드 방식이 매우 마음에 들었다.
웹 개발과 앱 개발이 모두 가능한 리액트와
iOS, aOS 앱을 모두 만들 수 있는 리엑드 네이디브는
내가 찾던 완벽한 툴이었다.

안 돼도 된다고 말하고, 끝내 되게 만든다

맨몸으로 새로운 판에 뛰어들 때면
나는 늘 비슷한 전략을 취하곤 했다.
일단 과장된 포트폴리오를 앞세워 일을 따내고,
시간이 지나면 실제 포트폴리오만 남겨두는 방식.
그렇게 초기에 빠르게 자리를 잡는 것이 내 생존법이었다.
새로 시작된 앱 개발사라고 다를 건 없었다.
이전에 만든 어학 솔루션 레퍼런스로는
최신 앱 시장의 문턱조차 넘기 힘들 게 뻔했으니까.

직원들은 우선 "실적을 쌓고 영업하자"라며
조심스러운 태도를 보였다.
하지만 나는 그 반대로 움직였다.
디자이너에게 미팅앱이나 헬스케어 등
유명 앱 몇 가지를 지정해 주고는,
내가 정해준 브랜드명으로 다시 디자인해 달라고 주문했다.
2주 만에 열 개의 레퍼런스가 탄생했고,
그것들을 무기 삼아 초기 영업 전선에 뛰어들었다.
이른바 '선입금 후고민' 전략이었다.

실제로 계약을 따내면
그 계약금으로 실력 있는 개발자를 섭외했고,
고객의 요구를 악착같이 충족시켜 나갔다.
비즈니스 세계에서 겸손은 미덕이 아니라 무능에 가깝다.
고객은 기업의 현재 실력만을 사는 게 아니라
그들의 자신감과 그 너머의 비전을 산다.

5000만 원짜리 첫 프로젝트를 수주한 뒤
우리는 정말 죽기 살기로 매달린 끝에 결과물을 만들어냈다.
만약 모든 게 완벽하게 준비될 때까지 기다렸다면

우리는 포트폴리오 한 장 없는

무명 회사로 사라졌을지도 모른다.

일단 저질러야 한다.

그 혼란을 수습하는 과정에서 회사는 성장하기 마련이다.

닭이 먼저냐 달걀이 먼저냐는 지루한 논쟁 속에서

나는 남의 닭장을 털어서라도 달걀을 가져오는 쪽을 택했다.

'안 되면 되게 하라'라는 말보다는

안 돼도 된다고 말하고, 끝내 되게 만드는 것.

그것이 내 방식이었다.

[아는 만큼 보이는 사업 이야기]

마케팅, 대행사에 맡기지 마라

나의 사업 인생은

마케팅을 직접 수행하기 전과 후로 명확히 나뉜다.

사업을 시작한 첫 10년 동안

어학 솔루션 개발 기업을 운영하며

매년 두세 가지 신규 사업을 벌였다.

당시 20개가 넘는 아이템에 도전했지만,

손익분기점을 넘긴 사업은 고작 한두 개에 불과했다.

대부분 마케팅의 벽에 부딪혀 멈춰 섰다.

경험이 없었기 때문이다.

물론 마케팅 대행사에 의뢰해 보기도 했다.

영업 사원들은 달콤한 예상 수익으로 나를 현혹했지만,

막상 계약 후 받아본 성적표는 처참했다.

그들이 약속한 숫자는 현실에 없었다.

그러다 영어 교육 프랜차이즈 사업을 시작하며

상황이 바뀌었다.

3년간 수십억 원의 미케팅비를 집행하며

밤낮으로 마케팅에 매달렸고,

B2C 고객 모집부터 창업 DB 구축까지

샅샅이 훑은 끝에 마케팅의 본질을 터득했다.

그래서 망해가던 여성 언더웨어 쇼핑몰을

헐값에 인수해 이커머스 시장에 도전했을 때도

조금도 두렵지 않았다.

구매 전환, 브랜딩, 퍼포먼스 마케팅의 원리를

모조리 꿰뚫고 있었기 때문이다.

이 성과를 발판으로 삼아 설립한 마케팅 대행사는

페이스북 마케팅 전문 대행사로

업계의 인정을 받으며 승승장구했다.

아이러니하게도 나는 대행사를 경영하면서

고객사에 항상 이렇게 조언했다.

"초기에는 저희에게 맡기시더라도,
나중에는 반드시 내부에 마케팅팀을 만드십시오."

많은 고객사가 내부에 마케팅팀을 만들 경우
인건비가 증가하는 것을 부담스러워했다.
하지만 마케팅 예산 중 20~30퍼센트는
마케팅 대행 수수료와 소재 제작비로 빠진다.
만약 내부 마케팅팀의 인건비 합계가
마케팅 대행 수수료와 비슷하거나 적다면,
무조건 직접 마케팅팀을 운영해야 한다.
심지어 공식 광고 판매 대행 권한을 취득하면
자기 브랜드 광고를 하면서도
5~13퍼센트의 수수료를 돌려받는다.
즉 '원가'로 마케팅을 할 수 있는 힘이 생기는 것이다.
원가로 싸우는 사업이라니, 정말 멋지지 않은가.
마케팅을 깨우치면 어떤 아이템이라도 도전할 수 있고,
성공률도 비약적으로 높아진다.
나 역시 마케팅을 알고부터는
두 가지 아이템에 도전하면
하나는 반드시 궤도에 올릴 수 있었다.

물론 어떤 마케팅팀을 만드는지도 중요하다
문제는 사업을 처음 시작하는 사업가들이
대부분 마케팅에 관해서는 문외한이라는 사실이다.
광고 계정 생성, 마케팅 세팅, 운영 등
기본적인 단계조차 모르는 경우가 허다하다.
그러니 무작정 마케팅 대행사를 찾아가서
알아서 잘해줄 거라고 믿으며
모든 것을 맡기는 것이다.
결과는 뻔하다.
광고비 대비 매출액이 100퍼센트도 안 되는
처참한 성적표를 받고,
한두 달 만에 마케팅 예산을 탕진한 뒤
마케팅 대행사를 욕하기 마련이다.
이런 일을 막으려면
기본적인 마케팅의 원리 정도는 배워둬야 한다.
혹시나 자신이 마케팅을 모르니
마케터를 채용해야겠다고 생각한다면
그거야말로 정말 안일한 생각임을 알아야 한다.
스스로 마케팅의 원리를 터득하지 못했다면
절대로 좋은 마케터를 채용할 수 없다.

직접 마케팅을 운영하지는 않더라도

실무자가 무슨 말을 하는지 알아듣고

지시는 내릴 수 있어야 한다.

'대표가 내가 하는 일을 알고 있다'고 느낄 때

직원은 자기 일을 소홀히 할 수 없기 때문이다.

여기까지 읽었다면

사업을 할 때 마케팅이 얼마나 중요한지 이해했을 것이다.

그러면 마케팅을 어떻게 해야 할까?

나는 마케팅 전략을 세울 때, 반드시 세 가지를 고려한다.

첫째, 마케팅은 심리전이다.

내 아이템의 성격부터 파악하라.

아이템은 고객의 니즈needs에 따라

크게 두 가지로 나눌 수 있다.

하나는 '니즈 창출형' 아이템이다.

의류, 식품, 뷰티, 교육, 보험 등이 이에 해당한다.

이러한 아이템을 마케팅할 때는

고객이 '나 이거 필요했네?'라고

생각하게 만드는 데 집중해야 한다.

고객이 자기가 무엇을 원하는지 모를 때
불쑥 나타나 무의식을 낚아챌 수 있는
SNS나 유튜브 같은 매체로 다가가는 게 효과적이다.

다른 하나는 '니즈 검색형' 아이템이다.
웨딩, 이사, 부동산, 자동차, 법률 등이 대표적이다.
이는 특정한 때에만 필요한 아이템이다.
따라서 이러한 아이템을 마케팅할 때는
'어디가 제일 잘하지?'라는 질문에 대한 답을 준비하라.
고객이 간절하게 찾을 때
가장 좋은 길목을 선점하고 기다릴 수 있도록,
네이버나 구글 등 검색 광고의 비중을 높여야 한다.

이해를 돕기 위해 아이템의 속성을 분류했지만,
사실 대부분의 비즈니스는
이 두 가지 속성을 모두 갖고 있다.
따라서 먼저 잠재 고객을 찾아가 아이템을 알리고,
이후 니즈가 생긴 고객이 검색할 때
이들을 놓치지 않도록 촘촘한 그물망을 쳐야 한다.

둘째, 클릭률에 속지 마라.

승부는 '랜딩 페이지'^{**}에서 난다.

광고 소재를 자극적으로 만들면

클릭률은 높일 수 있다.

하지만 클릭률은 허수인 경우도 많다.

랜딩 페이지에서 3초 안에 고객을 설득하지 못하면

그 광고는 클릭률에 비해

구매 전환율은 낮은 쓰레기 광고라고 할 수 있다.

고객이 이탈하는 이유는 명확하다.

랜딩 페이지가 매력적이지 않거나,

제품 자체가 시장성이 없기 때문이다.

마케팅 스킬보다 중요한 건,

고객이 지갑을 열 만한 '제품의 본질적 경쟁력'이다.

셋째, 과거의 영광은 잊어라.

어제의 성공 공식은 오늘 통하지 않는다.

사업 판에서 가장 위험한 사람은

---

* 광고를 본 사람이 이를 클릭하는 비율

** 광고 링크를 클릭한 고객이 도달하는 웹페이지. 대개 상품을 설명하는 상세 페이지
가 랜딩 페이지로 쓰인다.

과거의 성공에 취해있는 사람이다.

세상은 변한다.

특히 AI라는 특수한 기술이 빠르게 발달하는 오늘날

세상이 변하는 속도는 이전과 비교할 수 없는 수준이다.

불과 2, 3년 전에는 통하던 SNS 광고 로직이

현재는 완전히 무용지물이 되었다.

내가 20년간 살아남을 수 있었던 이유는,

사업을 새로 시작할 때마다 뇌를 포맷했기 때문이다.

기회가 있을 때마다 신입 사원들에게

현재 트렌드를 묻고,

그들이 쓰는 앱과 그들이 가는 곳,

그들이 즐기는 콘텐츠를 공부하라.

과거에 성공해 본 경험은 분명 귀한 자산이다.

하지만 그 방법론을 고집하는 순간,

경험은 아집이 된다.

실패한 경험보다 더 무서운 게 성공한 경험이다.

성공은 사람을 오만하게 만들고,

변화를 거부하게 만든다.

시장은 당신의 '라떼 이야기'에 관심이 없다.

오직 오늘 통하는 실력만 인정할 뿐이다.

착한 사장은
반드시 망한다

믿음은 쉽게 독이 되어 돌아온다

당신의 재무 상태를 모른다면

당신의 비즈니스도

모르는 것이다.

• **마커스 레모니스**(前 캠핑월드 CEO) •

사장이 재무제표를 모르면

마케팅 대행 사업과 쇼핑몰,

앱 개발사의 몸집이 불어나며

어느새 직원 수는 50명을 넘었다.

그동안 재무 전용 관리 프로그램까지 만들어

1원 단위까지 꼼꼼히 재정을 관리해 왔지만,

매출과 직원 수가 불어날수록 겁이 났다.

내가 모르는 '돈의 세계'를 누군가가 대신 맡아주길 바랐다.

그러던 중 우연히 영화 〈인턴〉을 봤다.

은퇴한 70대 베테랑이

젊은 CEO의 온라인 쇼핑몰에 입사해

세대를 넘은 우정을 쌓아가는

그 따뜻한 서사가 내 마음을 흔들었다.

나도 그런 멘토가 있었으면 했다.

창피하지만 당시 나는 재무제표도 제대로 볼 줄 몰랐다.

자금 조달에 능한 재무이사가 곁을 지켜준다면

그보다 든든한 일은 없을 것 같았다.

이번에도 직원들은 우려 섞인 반대 의견을 냈다.

재무이사가 지금 왜 필요하냐는 둥,

나이 많은 어른이

우리 같은 젊은 조직에 적응할 수 있겠냐는 둥,

영화의 초반부와 똑같은 흐름이었다.

하지만 내겐 유능한 재무이사가 절실했다.

채용 공고를 올리자마자 하루 만에 수십 명이 지원했고,

일주일 만에 지원자는 200명에 달했다.

서류 심사와 1차 면접을 통해 지원자를 열 명으로 좁혔고

최종 면접에서 마침내 한 명을 선택했다.

영화처럼, 그와 내가 폭발적인 시너지를 내

회사를 상장시키는 달콤한 꿈을 꿨다.

그때가 되면 재무이사의 손을 꽉 잡고

"이 모든 게 이사님 덕분입니다."

반드시 이렇게 말하리라 상상했다.

새로 합류한 재무이사는

쉰이 넘은 나이에도 에너지가 넘쳤고,

매사에 부지런했으며 예의도 발랐다.

화려한 이력과 젠틀한 미소

그리고 "대표님은 경영만 하십시오. 뒤는 제가 막겠습니다"

라는 달콤한 말.

나는 진심으로 그를 멘토로 예우하며

법인 인감과 회사의 모든 정보를 건넸다.

그는 빠르게 재무 정보를 검토한 뒤 자금 조달 계획을 세웠다.

그 든든한 모습에 나는 그저 믿고 따를 뿐이었다.

새해가 밝고 재무제표가 정리되자

기술보증기금에서 5억 원을 조달할 수 있었다.

비록 빚이었지만,

그것만으로도 그간 짓눌렸던 숨통이 트였다.

이제 돈 걱정 없이 사업을 잘 키워내면 될 일이라고,

나는 그렇게 굳게 믿었다.

사업을 위협하는 작은 신호

재무이사는 입사한 지 얼마 되지 않아

매출이 부족하니 대책이 필요하다고 말했다.

그는 매출 세금계산서와 함께

자금을 돌리는 방법을 제안했다.

이전 회사에서도 종종 사용한 방법으로,

문제가 되지 않는다고 했다.

실제로 고객사와 협의하여

세금계산서를 지연 발행하는 건 불법이 아니고,

종종 그런 부탁을 받기도 했으므로,

이와 비슷한 개념일 거라고 생각했다.

무엇보다 전문성이 느껴지는 그의 화려한 이력에

나는 그의 말을 믿었다.

자금을 조달해 준다는 말에

듣고 싶은 대로 그의 말을 들으며,

이게 불법일 리 없다고 생각했다.

17년간 회계를 맡아준 세무사 사무장님은

세 개 회사가 세금계산서만 돌려봐야

아무런 영양가가 없는데

왜 그런 짓을 하냐며 나와 재무이사를 다그쳤다.

하지만 사무장님보다 재무이사가 더 미더웠다.

얼마 뒤, 여러 사람에게 이상한 이야기를 전해 들었다.

이제 막 입사한 신입 사원에게 재무이사가

"이 회사는 곧 망할 테니 얼른 퇴사해라"라고
말했다는 소문이었다.
당시 회사의 자금에는 큰 문제가 없었고,
내 눈에 비친 재무이사는
한없이 신사적이고 유능한 조력자였다.
그저 회사를 걱정하는 마음이
과장되어 전해진 것이라 믿으며,
나는 그 불길한 신호를 애써 외면했다.

회사가 일정 규모를 넘어가면
파벌이 생기고 정치가 시작된다.
이때 굴러온 돌이 박힌 돌을 빼내려 하거나
박힌 돌이 굴러온 돌을 밀어내려 하는 경우가 부지기수다.
당시 나는 이것도 그런 경우려니 생각했다.
그러나 조용히 대표에게 와서
회사에 이러한 일이 있었다고
귀띔해 주는 직원들은 고자질쟁이가 아니라,
회사가 망가지는 걸 걱정하는 좋은 사람들이다.
그들이 전해주는 정보는
회사를 구하는 실마리가 되지만,

이를 판단하지 못하는 대표에게는

쓸데없는 걱정거리일 뿐이다.

관리자들이 작당하면 사장은 바보가 된다

연말에 일이 몰리며 미뤄진 연봉 협상을

1월 중에는 마무리해야 했다.

입사한 지 겨우 한 달이 되었지만,

재무이사를 전적으로 신뢰했기에

쇼핑몰, 마케팅사, 개발사 전 직원의 연봉 협상을

그에게 맡겼다.

그는 분주히 돌아다니며 직원들과 면담했고,

겉으로 보기엔 아무런 문제가 없어 보였다.

그런데 여기저기서 불만의 목소리가 쏟아져 나왔다.

재무이사는 제 마음에 드는 직원에게는

연봉을 더 받게 해주겠다고 약속했고,

내가 아끼는 전략기획팀에게는

필요 없는 조직이라며 퇴사를 종용했다.

대다수 직원에게는 강압적인 태도로
동결이나 최소 인상안을 밀어붙이고는,
내게는 평균 인상률 5퍼센트 내외에서
원활하게 합의를 마쳤다고 거짓 보고를 올렸다.
그런데 직원들의 반응이 심상치 않았다.
안 되겠다 싶어 내가 직접 면담에 나섰지만
이미 마음이 상한 직원들을 달래기 위해
당초 계획보다 훨씬 높은 수준으로 연봉을 인상해야 했다.
이때라도 재무이사를 내보내야 했다.
하지만 바보처럼 그에게 한 번 더 기회를 주며
앞으로는 이런 일이 없게 해 달라고 부탁했다.

그렇게 1년이라는 시간이 흘렀다.
여전히 재무이사에 관한 이상한 소문이 들려왔고,
그 이야기는 매우 구체적이었다.
재무이사가 회사를 망하게 하겠다고 몇 명에게 하던 얘기가
흘러 흘러 나에게 들어왔다.
하지만 증거가 없었기에
나는 아무것도 모르는 척 연기하며 때를 기다려야 했다.

이듬해 재무이사는

이전 회사에서도 문제가 없던 방법이라며,

이른바 '가라 매출'을 만들자고 요청했다.

나는 이게 어마어마한 불법인 줄도 모른 채,

재무이사가 요청한 대로

알고 지내던 회사 대표 두 명에게 연락해 협조를 구했다.

그러나 아무래도 이상한 느낌이 들었다.

나는 혹시 모를 경우를 대비하여

재무이사에게 왜 이 일이 필요한지 물으며

그와의 대화를 녹취하는 등

이 일이 그의 주도하에 진행되고 있다는 증거를 모았다.

사실 계속해서 들려오는 이상한 소문에

나도 그가 불편한 참이었다.

그래도 직원들의 반대를 무릅쓰고

직접 뽑아 정중히 모셔 온 그를 내보내기에

소문은 부족한 명분이었다.

그가 제안한 일이 불법적인 일이라면

드디어 그를 회사에서 내보낼 수 있을 것 같았다.

나는 그를 마주하는 것조차 싫어

6개월간 회사에도 발길을 끊다시피 했다.

스스로가 바보처럼 느껴지는 시간이었지만,

그 덕에 재무이사는 자기 속내를 들켰다는 사실을 모른 채

열심히 제 무덤을 팠다.

그러던 어느 날 재무이사와 가장 가깝게 지내던 본부장이

부당해고를 당했다고 회사를 신고했다.

이상했다.

그는 유명 종합광고대행사에 다니다가

우리 회사에 들어온 자였다.

그런데 자기 일을 부하 직원에게 시켜놓고는

외근을 핑계로 무단 퇴근을 일삼았고,

그가 맡은 본부의 실적 역시 처참했다.

이에 책임을 지고 사직서를 내고 제 발로 나간 사람이었다.

나는 즉시 재무이사에게

본부장이 제출한 사직서를 달라고 말했다.

그가 사직서를 가져온 날, 내가 직접 사직서에 서명하며

재무이사에게 제출하라고 한 것을 똑똑히 기억하고 있었다.

하지만 재무이사는 뻔뻔하게도

자기는 본부장에게 사직서를 받은 적이 없다고 말했다.

재무이사와 본부장이 짜고 거짓말을 하고 있었다.

나는 그동안 들은 이야기도 있고 당신이 자꾸 나를 속이니

더 이상 당신을 믿고 일하지 못하겠다고 말했다.

내 말에 그는 순순히 퇴사 의사를 밝혔다.

그가 한 업무의 특성상

회사의 크고 작은 기밀을 속속들이 알고 있었기에,

5개월 치 급여를 퇴직금으로 지급한다는 합의서를 썼다.

그동안 잘 참은 덕에 이제는 이 일이 끝나나 싶었다.

녹취가 언젠가 나를 살린다

재무이사가 퇴사하고 일주일쯤 지났을까,

그에게서 안부 전화가 왔다.

그를 내보낼 때도 최대한 예우를 갖춰 대했기에

전화를 받는 마음이 그리 껄끄럽지는 않았다.

그런데 그가 하는 말이 이상했다.

부탁이 있으니 자기 집 근처에 있는

보라매공원에서 만나자는 것이었다.

보통 부탁할 게 있는 쪽이 찾아오기 마련인데,

바쁜 나를 오라 가라 하는 태도에서 묘한 위화감을 느꼈다.

다시 마주한 그의 행색은 어딘지 모르게 남루했다.

그는 1년 반 동안 우리 회사에서 배운 게 많다며

한참 동안 영양가 없는 너스레를 떨었다.

그가 공원을 좀 걷자기에 햇볕을 쬐며 함께 걸음을 옮겼다.

대충 이야기만 듣고 부탁은 거절할 생각이었다.

이윽고 빈 벤치가 보이자 그는 벤치에 앉으며 내게 말했다.

"자 이제부터는 좀 듣기 싫은 말을 하겠습니다."

그 말을 뱉는 순간, 그의 표정이 독사같이 변했다.

무슨 말을 하려는 건지 짐작조차 되지 않았지만,

공기를 타고 흐르는 긴장감에 나는 아무 말도 하지 못했다.

그는 다짜고짜 내게 1억 원을 '빌려달라'고 말했다.

그러면서 직원들 퇴직금을 미리 적립하라는 둥

뜬금없는 오지랖을 부리기 시작했다.

이 두 가지 조건을 들어주지 않으면

국세청과 고용노동부, 데이터산업진흥원, 기술보증기금,

주 거래 은행들, 중소벤처기업진흥공단에

자기가 챙겨 온 자료를 넘겨

회사가 망하는 꼴을 보겠다고 말했다.

잠시 생각했지만,

꽤 정직하게 사업을 꾸려왔다고 자부했기에

크게 걱정할 건 없었다.

나는 차분히 우리의 대화를 녹음하며,

그의 요구를 더 구체적으로 듣기 위해

불쌍한 척 연기를 시작했다.

"이사님, 이러지 마세요. 우리 좋게 끝났잖아요.

퇴직금도 충분히 드렸고, 연봉도 8000만 원씩 받으셨는데,

왜 이러시는 거예요?

제 개인 계좌까지 보셔서 아시겠지만,

저 정말 개인 재산 없어요.

이제 막 결혼해서 100일 된 아들이 있는 거 아시잖아요.

월급 말고는 다 회사에 재투자해서

집도 전세 대출받아 빌라로 들어갔어요."

내 절박한 호소에도 그는 눈 하나 깜빡하지 않았다.

오히려 내 아들을 욕하고,

네 아들이 너의 뭘 보고 배우겠냐며,

그 전세 보증금을 빼서라도 돈을 가져오지 않으면

다 터뜨리겠다고 나를 몰아붙였다.

다시 떠올리기조차 싫은 험한 말이 쏟아졌다.

더는 들어줄 수가 없어 나도 마지막 한마디를 던졌다.

"이사님 마음대로 하세요.

지금 하신 말씀은 다 녹음했습니다.

법정에서 보시죠."

당황한 그는 녹음 중이던 내 애플워치 사진을 찍기 시작했다.

그런다고 녹음 파일이 지워지겠나 싶어

나는 곧장 자리를 떠나 전담 변호사를 찾아갔다.

호기롭게 뒤돌아서긴 했어도

막상 변호사 앞에 앉으니 온몸이 떨려왔다.

어떤 이유로든 회사가 잘못되면 아내에게 면목이 없었기에,

두려움이 북받쳐 눈물을 보이고 말았다.

저녁이 되자 재무이사에게 문자가 왔다.

쌍방 동의 없는 녹취는 법적 효력이 없으며

자신은 녹취를 허락하지 않았다는 내용이었다.

나는 당사자 간의 대화를 녹음한 건 동의가 없어도

증거로써 효력이 있다고 알려줬다.

그러자 그는 금세 꼬리를 내리며

돈은 필요 없으니 내일 다시 만나자고 말을 바꿨다.

나 역시 일이 더 커지는 것을 원치 않았기에

다음 날 그를 만났다.

그는 다시 만나자마자 거듭 돈은 필요 없다고 말했지만,

나는 그런다고 이미 한 협박이 없어지는 것은 아니라고

단호하게 말했다.

남의 인생을 가지고 장난치다가 자신이 불리해지자

손바닥 뒤집듯 태세를 전환하는 그를 더 참아줄 수 없었다.

미안하다며 없던 일로 하자는 그의 사과를 듣고도

나는 그를 결코 용서할 생각이 없었다.

반드시 그가 실형을 받게 하리라 다짐하고

5분 만에 자리를 박차고 돌아섰다.

지금도 가끔 그때를 생각하면 아찔해진다.

만약 내가 녹음을 하지 않았다면,

나는 차가운 감옥 바닥에서

억울함을 호소하고 있었을지도 모른다.

누군가가 악의를 품고 다가올 때

감정적으로 반응할 필요는 없다.

머리를 차갑게 식히고 증거를 수집하는 것이 우선이다.

법정에서 이기는 건 '진실'이 아니라 '증거'다.

그 녹음 파일 하나가 수백억짜리 회사보다

나를 더 강력하게 지켜줬다.

사업가에게 녹음과 기록은 생존 키트다.

법인 카드로 계산하는 짜장면값의 함정

며칠 뒤, 마치 날짜라도 맞춘 것처럼

온갖 기관과 금융사, 고객사에서 연락이 빗발쳤다.

알고 보니 전 재무이사가 보라매공원에서 나와 만나기 전,

이미 회사의 자료를 짜깁기해 온갖 곳에 뿌린 뒤였다.

우리가 조직적으로 불법을 저지르고 있으며

재정 상태 역시 불안정하다는 악의적인 메일이

곳곳에 뿌려졌다.

그는 처음부터 회사를 무너뜨릴 작정이었다.

소름이 돋았다. 악마를 마주한 기분이었다.

문득 의문이 들었다.

망하게 할 회사에 왜 돈을 빌려달라 했을까.

아마도 회사가 없어지면 돈을 갚아야 할 대상도 사라지니,

자신의 채무도 자연스레 사라진다는 사실을

그는 아주 잘 알고 있었을 것이다.

생각이 여기까지 미치자 정신이 번쩍 들어

그가 다녔다던 회사에 연락을 돌렸다.

처음에 연락한 두 회사는 폐업해서 연결되지 않았고

그다음 연락한 두 회사는 대표이사가 바뀌어 있었으며,

마지막으로 연락한 회사는

재무이사의 이름을 언급하는 것조차 꺼렸다.

분명 더 많은 피해자가 있을 거라는 생각에

그가 직전에 다닌 회사의 등기부등본을 떼어,

대표이사의 집 주소로 무작정 찾아갔다.

그 집에는 중년 여성이 혼자 있었다.

재무이사의 이름을 대며,

혹시 비슷한 피해를 입었는지 궁금해서 와봤다고 이야기하고

연락처를 남기고 나왔다.

집으로 가는 길, 드디어 그 대표이사에게서 전화가 왔다.

그는 매출 200억이 넘는 개발사의 대표이사였으나,

나와 똑같은 수법에 걸려들었다고 했다.

다만 나와 달랐던 건

그자의 요구를 순순히 들어줬다는 점이다.

하지만 그렇지 않아도 보수적인 은행들은

의혹만으로 이 회사와의 거래를 끊었고,

결국 회사는 부도가 났다고 했다.

그래도 여전히 이해되지 않았다.

계속 우리 회사에 다녔더라면

그자는 정년까지 많은 돈을 벌 수 있었다.

그러나 그는 대표들이 자신에게 꼼짝 못 하는 상황을

즐기는 것처럼 보였다.

처음부터 회사를 망가뜨리는 게 목적이었을까?

내가 확인하기로, 그가 다닌 회사 중

비슷한 방법으로 폐업한 회사만 세 개였다.

세 회사에 걸쳐 갈고닦은 기술을

마침내 나에게 쏟아냈던 것이었을까?

변호사를 통해 그를 형사 고발한 뒤부터는

당장 회사를 살리는 일이 급했다.

정부 지원금은 즉시 환수되었고,

기술보증기금과 주 거래은행의 압박이 시작됐다.

고소장과 녹취록으로 소명 자료를 만들어

부리나케 뛰어다닌 덕에,

다행히 그들은 내 말을 믿어주었다.

어쩌면 사고가 나면 안 되기에

나를 믿을 수밖에 없었는지도 모른다.

두 달여의 사투 끝에 많은 문제가 해결됐지만,

유명 어린이재단 같은 대형 고객사들은

이미 썰물처럼 빠져나간 뒤였다.

애써 쌓아올린 탑이 무너져 처음부터 다시 시작해야 했다.

그래도 그저 살아남았다는 사실만으로 감사했다.

그자에 대한 재판이 시작되었을 때,

나는 그가 어떻게든 실형을 받게 하려고

몇 번이나 탄원서를 냈다.

공판 때마다 참석해 그가 하는 뻔뻔한 거짓말을 지켜보았다.

그러나 1심 판결은 벌금 1000만 원에 그쳤다.

초범이라는 이유였다.

그럴 수밖에 없었다.

그에게 당한 다른 회사들은
이미 다 망해서 사라졌으니까.

뒤이어 국세청에서 세무 조사가 시작됐다.
역시나 그자의 집요한 제보 때문이었다.
세무 조사 첫날의 분위기를 기억한다.
조사원들을 내가 파렴치한 악덕 기업주라고 확신하고
단단히 벼르고 있었다.
하지만 과거 그가 가공 계산서가 필요하다고 말한
녹취 파일을 찾아서 제출하며 사건의 전말을 설명하자
조사원들의 눈빛에 측은함이 서렸다.
그들은 하루에도 수십 통씩 걸려 오는 제보자의 독촉 전화와,
조사가 제대로 이뤄지지 않는 경우
감사실에 신고한다는 어깃장에 시달리고 있었다.
기술보증기금과 은행 직원들에게서 들었던 말과 똑같았다.
그때 알았다.
그놈은 이렇게 기업을 신고하고 포상금을 받아왔던 것이다.

조사원들의 태도는 우호적으로 바뀌었지만,
신고로 들어온 조사다 보니원칙대로 조사가 진행돼야 했다.

세 번의 기간 연장을 거치며 세무 조사는 1년 동안 이어졌다.

세무 조사에서는 정상적인 일도 의심받았다.

직원들이 부담스러워할까 봐

혼자 점심을 먹은 것조차 소명해야 했다.

허탈했다.

직원들과 먹었다면 아무 문제 없었을 지출들이

개인 용도로 의심받는 상황이 서글펐다.

조사 내내 그 흔한 골프비나 접대비 한 푼 나오지 않았다.

골프에는 관심이 없었고

룸살롱 접대 같은 건 해본 적도, 할 필요도 없었다.

우리는 마케팅으로 고객을 직접 찾았으니까.

결국 8000만 원의 세금을 내는 것으로 조사는 마무리됐다.

하지만 그 1년이라는 기나긴 기간 동안

나는 과징금이 얼마나 나올지 모른다는 공포 속에 살았다.

앞날을 계획한다는 생각은 당연히 할 수 없었고,

꼭 처리해야 하는 일마저도 도저히 손에 잡히지 않았다.

그래도 이만하길 다행이었다.

회사 통장에 돈이 들어오기 시작하면

그 돈이 다 내 돈 같아 보인다.

그래서 법인 카드로 비싼 밥도 사고

개인 물품도 사고 싶어진다.

세무사들에게 물어봐도,

대개 '짜장면값' 정도는 괜찮다고 말한다.

문제는 쓰면 쓸수록 자기도 모르게

이 짜장면값이라는 기준이 높아진다는 점이다.

그 결과 회사에 투자를 받으려 하거나

세무 조사를 받게 될 때

그 짜장면값이 당신의 발목을 잡는다.

심지어 나는 세무조사를 받을 때

진짜 짜장면값으로 지출한 5000원까지 소명해야 했다.

그러니 사업을 진지하게 운영한다면

절대 법인 카드를 사적으로 사용해서는 안 된다.

절대 나누면 안 되는 사장의 권한

이 사건으로 법정에도 서야 했다.

문제는 세금계산서였다.

피해자는 없으나 금액이 커 자동으로 고발된 것이다.

전 재무이사도 함께 기소됐다.

변호사를 선임해 자문해 보니,

초범에 정상 참작 사유가 있는 경우

벌금형이나 집행유예 사례가 많다고 했다.

1년에 걸친 재판에서

나는 대표이사로서의 내 잘못을 인정하되,

전 재무이사를 주동자 겸 공범으로 끌고 갔다.

그 결과 나는 징역 10개월에 2년 집행유예를 받았고

그 역시 구속되지는 않았다.

그가 실형을 받으면

책임자인 나 역시 무사하지 못할 것임을 알면서도

엄벌을 탄원했던 나의 무모함에

판사도 의아해했을 터였다.

모든 일이 지나간 뒤, 내가 저지른 실수를 곱씹었다.

재무 업무가 귀찮다는 이유로 혹은 신뢰의 증표로

나는 회사의 인감과 OTP를 그에게 넘겼다.

회사의 모든 정보를 손에 쥔 그는

언제나 자금이 필요했던 나의 약점을 정확하게 파고들었다.

나중에 알게 된 사실이지만,

매년 매출이 30~40퍼센트 성장하던 중이었기에,

그가 제안한 편법 없이도 자금을 조달할 수 있었을 터였다.

결국 나의 안일함이 협박의 빌미를 준 셈이다.

그는 내 인감으로 서류를 가공하고, 직원들을 통제하고,

급기야 나를 감옥에 보낼 증거를 조작했다.

아무리 믿음직한 임원에게라도

절대 넘겨서는 안 되는 권한이 있다.

그건 의심 때문이 아니라,

서로를 보호하기 위한 최소한의 안전장치임을 이제는 안다.

재무이사가 악인인 건 분명하지만,

결국 나를 무너뜨린 건 사장인 나의 무능함이었다.

내가 재무제표를 볼 줄 알았다면,

현금 흐름을 꽉 잡고 있었다면

그가 감히 장난을 칠 수 있었을까.

비즈니스 정글에서 '몰랐습니다'는 변명이 아니라

경영자로서의 자격이 없음을 인정하는 슬픈 자백일 뿐이다.

대기업 출신 경력자를 뽑을 때
반드시 확인해야 할 두 가지 질문

당신은 관리자입니까, 실무자입니까?

회사가 어느 정도 규모를 갖추기 시작하면
대기업 팀장이나 임원 출신 지원자가 눈에 띄게 늘어난다.
화려한 이력서와 유창한 말솜씨, 탄탄한 인맥까지.
그들의 스펙을 마주한 중소기업 사장은
'이런 분이 우리 회사에?'라는 생각에
앞뒤 가리지 않고 모셔 오기 급급하다.
하지만 내 경험상 많은 이가
1년을 채우지 못하고 짐을 싼다.
그들은 이미 잘 짜인 시스템 안에서 움직이는 법만 배웠을 뿐
시스템 자체를 만드는 데는 서툴기 때문이다.

대기업에서는 부하 직원에게 지시하면 자료가 바로 나온다.

하지만 스타트업이나 규모가 작은 기업은 다르다.

본인이 직접 발품을 팔고 처음부터 조사해야 한다.

이들은 입사하자마자 직원이 부족하다느니,

회사에 체계가 없다느니

불평을 늘어놓으며

자신을 보좌할 실무자를 뽑아달라고 말한다.

심지어 기존 직원들과 마찰을 빚고

조직의 분위기를 흐리기도 한다.

이제 막 성장하기 시작한 회사에 필요한 사람은

이런 관리자보다는 진흙탕에서 함께 구를 실무자다.

그래서 나는 면접 때 반드시 이런 질문을 던진다.

"지금 우리 회사는 지원해 줄 인력도,

충분한 예산도 없습니다.

처음부터 끝까지 직접 실무를 도맡으셔야 하는데,

정말 하실 수 있습니까?"

이 질문에 조금이라도 망설인다면,

아무리 아까운 사람이라도

더 이상 그 사람에게 미련을 두지 말아야 한다.

당신의 회사는 대기업 퇴사자의 쉼터가 아니다.

전 직장 상사분의 연락처를 받아볼 수 있을까요?

이력서와 면접만 믿고 채용을 결정하는 건 위험한 도박이다.

이력서는 본인이 주인공인 소설이고,

면접은 철저히 준비된 연기일 가능성이 높기 때문이다.

그 사람이 전 직장에서 진짜 실력이 있었는지,

아니면 운 좋게 좋은 직장에 들어가

적당히 버티다 쫓겨난 건지

구분하기는 정말로 쉽지 않다.

그래서 나는 팀장급 이상을 채용할 때면

면접이 끝날 때쯤에 반드시 이렇게 묻는다.

"혹시 전 직장 상사분이나 임원분 연락처를 받을 수

있을까요?

간단하게 레퍼런스 체크를 하고 싶어서요."

떳떳한 사람은 그 자리에서 친한 상사의 연락처를 준다.

하지만 핑계를 대며 머뭇거린다면,

대개 문제가 있는 사람이다.

실제로 전화를 걸어보면

면접장에서는 절대 알 수 없는 놀라운 사실들을 알게 된다.

일은 잘하는데 팀원들을 괴롭혔다든가,

법인 카드를 사적으로 유용해 징계받았다든가 하는

치명적인 결함들이다.

단 5분의 통화가 연봉 1억짜리 폭탄을 막아준다.

평판 조회를 두려워하는 사람은 결코 뽑아서는 안 된다.

과거의 행동은 반드시 그 사람의 미래를 예고하는 법이다.

호황에 대처하는
사장의 자세

호황 뒤에 반드시 불황이 온다

성공은 자만을 낳고,
자만은 실패를 낳는다.
오직 편집광만이 살아남는다.

• 앤드루 그로브(前 인텔 CEO) •

열정과 긍정적인 마인드

전 재무이사가 남기고 간 상처는 생각보다 깊었다.
10억이 넘는 매출처가 신기루처럼 날아갔고
정부의 정책 지원으로 받은 자금은 1억 원 가까이 회수됐다.
그 결과 갑자기 매출의 20퍼센트가 빠져나갔고,
순익은 20퍼센트에서 10퍼센트로 반 토막이 났다.
매일같이 살얼음판 위를 맨발로 걷는 듯한
위태로운 나날이 이어졌다.

이 시기에 나는
난생처음 직원들의 급여일을 지키지 못했다.
두 번 정도, 하루이틀 늦은 것이었지만,
내 마음은 이미 지옥의 한복판을 헤매고 있었다.
아버지, 처가, 친한 대표님들, 친구들에게 빌린 돈이
어느덧 5억 원을 넘어섰고,
나는 점점 정신적으로 막다른 길에 내몰렸다.
집에서 짜증을 내는 횟수가 늘어갔으며
머릿속은 온통 돈 생각뿐이었다.
소주 한 잔의 힘을 빌려 겨우 잠들어도

두어 시간마다 소스라치게 놀라며 잠에서 깼다.

운전대를 잡고 있다가 갑자기 숨이 쉬어지지 않는

기이한 증상도 점점 잦아졌다.

그럴 때마다 아무렇지 않은 척,

떨리는 목소리를 숨기며

아내에게 전화를 걸었다.

수화기 너머로 아내의 목소리를 들으면

조금이나마 마음을 다잡을 수 있었다.

어느 고객사 미팅을 갔던 날의 기억이 지금도 선명하다.

별생각 없이 엘리베이터를 타고 2층으로 올라갔는데,

2층에 도착해도 엘리베이터 문이 열리지 않았다.

카드 키가 있어야 들어갈 수 있는 보안 층이었던 것이다.

그 좁고 밀폐된 공간에 갇혔다는 사실을 자각한 순간

억눌려 있던 공포가 한꺼번에 터져 나왔다.

나는 미친 듯이 문을 두드렸다.

잠시 후 누군가가 문을 열어주었고,

나는 헐레벌떡 도망치듯 뛰쳐나왔다.

고객사 직원들이 나를 바라보며

이상한 사람이라고 생각하는 게 느껴졌지만,

그런 시선 따위는 중요하지 않았다.
내 안의 무언가가 무너지고 있었다.

비록 내 정신은 온전치 못해도,
다행히 회사에서만큼은
내 상태를 잘 숨길 수 있었다.
나와 임직원들은 코앞에 닥친 위기에 맞서 똘똘 뭉쳤고,
밥 먹을 시간은커녕 화장실 갈 시간도 아껴가며
신규 고객을 유치하는 데 열을 올렸다.
어찌나 절실했는지,
전 같았으면 거들떠보지도 않았을
소규모 계약까지 가리지 않고 전부 받아들였다.

그 간절함이 통했던 것일까.
늦가을에 접어들 무렵
대기업과의 대규모 계약을 연달아 수주하며
드디어 회사에 돈이 돌기 시작했다.

우습게도 그 모진 풍파를 견뎌낸 그해에
우리 회사는 창업 이래 최대 매출과 최대 이익이라는

경이로운 성과를 달성할 수 있었다.

최선을 다해 살아낸 날들에 대한 보상을 받은 것 같았다.

매출이 가파르게 상승하자

유능한 인재들이 줄지어 회사 문을 두드렸다.

이렇게 열심히만 달리면

내년에는 더 이상 걱정할 일이 없으리라는 확신이 들었다.

사람들이 말하듯

긍정적인 태도와 마음가짐이야말로

사업가가 갖춰야 할 최고의 미덕이라고 굳게 믿었다.

사업가에게 필요한 건
긍정적 마인드가 아니라 편집증적 불안이다

2022년에는 하루가 멀다하고

미국에서 금리 인상 소식이 들려왔다.

하지만 당시 내게 그런 소식은

그저 먼 나라의 이야기일 뿐이었다.

러시아가 우크라이나를 침공했다는 뉴스를

처음 접했을 때도

‘아이고, 이 썩을 놈들’이라고
혀를 끌끌 차며 남 일 보듯 넘겼다.
작년의 그 거센 파도도 기어이 넘어온 우리인데,
이 정도 위기쯤이야
충분히 뚫고 나갈 수 있으리라 믿었던 것이다.

하지만 불안한 국제 정세와 높은 금리 때문에
대기업들이 유동성 확보에
총력을 기울이고 있다는 소식만큼은
결코 흘려들을 수 없었다.
우리 고객사의 절반이 바로 그 대기업이었으니까.
다행히 마케팅 사업은 연 단위로 계약이 체결되어 있어
당장은 버틸 수 있었지만,
문제는 개발 사업에서부터 불거졌다.
2023년이 되자
기업들은 기다렸다는 듯 신규 사업 투자를 동결했고,
예정되어 있던 투자마저 줄줄이 보류했다.

시장에 차가운 바람이 감돌았다.
이전에는 광고를 할 때마다

하루 열 건씩 쏟아지던 고객사의 문의가
절반 수준으로 줄어들더니,
나중에는 예전과 똑같은 광고비를 쏟아부어도
단 한 건의 문의조차 받기 힘들어졌다.
광고 효율이 열 배나 나빠진 셈이었지만,
수요 자체가 증발한 시장에서는 당연한 결과였다.

그 와중에도 나는 안일했다.
개발사 중 몇 안 되는,
'마케팅으로 고객을 유인할 수 있는 회사'라는
그 알량한 자부심이 눈을 가렸다.
시장 규모가 절반으로 쪼그라들어도
우리를 찾는 수요는 절대 마르지 않을 거라고 자만했다.
사업을 하며 처음 맞는 위기도 아니었다.
그동안 여러 번 마케팅의 힘으로 위기를 이겨냈고
위기 덕분에 한 단계 도약한 경험도 많았다.

하지만 이번 위기는 달랐다.
그동안 우리 조직은 직원 수만 80명에
세금을 뺀 순수 급여로만

매달 2억 원이 빠져나가는 거대한 조직이 되어 있었다.
엎친 데 덮친 격으로
시장은 절반이 아니라 10분의 1 수준으로 쪼그라들었다.
도저히 조직을 움직일 수 없었다.

사업을 20년 하면서 뼈지리게 느낀 사이클이 있다.
미친 듯이 잘 되는 해 다음에는,
반드시 죽을 만큼 힘든 해가 온다.
이 사실을 모르는 사업가들은
매출이 성장하는 데만 정신이 팔리기 마련이다.
그들은 이 성장세가 계속될 거라고 생각하며
직원을 대거 채용하고 사무실을 확장한다.
하지만 시장은 냉정하다.
트렌드는 바뀌고, 경쟁자는 치고 들어온다.
거품이 꺼진 뒤에는
고정비만 감당할 수 없는 수준으로 불어나 있을 것이다.

나 역시 이 지경에 이르고서야
사업가에게 진정 필요한 것이 무엇인지 깨달았다.
모두가 환호성을 지르며 샴페인을 터뜨릴 때

나는 창고에 식량을 쌓고 문을 걸어 잠갔어야 했다.

호황 뒤에는 반드시 불황의 그림자가 따라붙는 법이건만,

나는 매번 반복되어 온 그 순환을 몰랐다.

거시 경제라는 거대한 흐름을

개인의 노력과 열정으로 막아보겠다는 건

지금 생각해도 안일하고 터무니없는 발상이다.

차라리 시장이 호황일 때

인건비를 줄이고 몸집을 가볍게 했더라면,

직원들은 더 나은 조건으로 이직할 기회를 얻고

회사 역시 다가올 불황에 대비하여

체력을 비축할 수 있었을 것이다.

그랬다면 경쟁사들이 망할 때

그들이 헐값에 내놓은 자산을 주워 담으며

더 크게 성장했으리라.

위기는 때때로 기회가 된다.

하지만 준비되지 않은 자에게

위기는 그저 위기일 뿐이다.

나는 시장이 완전히 얼어붙고 나서야

불경기가 알려준 그 차가운 진실과 마주했다.

현금은 기업의 혈액이다

시대적 상황을 탓하는 건 구질구질한 변명이었다.

돌이켜 보면 이번에도 결국 내가 부족해서 맞이한 위기였다.

2023년 상반기에는

직원들 급여를 최우선으로 챙기다 보니

내 급여는커녕 부가세 같은 세금까지 싹 다 밀리게 되었다.

두 달 동안 4대 보험료를 내지 못하자

독촉이 들어오기 시작했지만,

2022년 말까지 벌어둔 돈이 30억에 달했기에

상반기만 버티면 다시 일어설 수 있으리라 믿었다.

문제는 상반기 매출이

이미 전년도 하반기에 만들어진 매출이라는 사실이었다.

그 말은, 2023년 상반기에 영업을 공쳤으니

하반기 매출은 작년에 비해

적어도 30퍼센트는 빠진다는 의미였다.

개발 법인의 부가세도 6000만 원가량 밀려 있었다.

하지만 몇 가지 프로젝트를 진행하고 있었고,

프로젝트가 끝나면

밀린 부가세를 납부하고도 남을 금액을 받기로 했기에

크게 걱정하지는 않았다.

그 무렵 관할 세무서에서 전화가 왔다.

기한 내에 부가세를 납부하지 않으면

매출 채권을 압류하겠다는 통보였다.

나는 매출 채권 압류가 뭔지 몰랐다.

그래서 일단 담당자에게 사정사정하고

곧 찾아뵙겠다고 말했다.

인터넷으로 알아보니, 매출 채권 압류란

세무서에서 우리 거래처에 연락해,

우리가 받을 돈을 세금으로 압류해 가는,

기업 입장에서 보면 사형 선고나 다름없는 절차였다.

내가 듣기로 강남의 모 법인은

부가세를 1억 원가량 밀린 적이 있었는데,

다행히 큰 계약을 몇 건 달성하며

몇 개월 만에 밀린 부가세를 완납했다고 했다.

1억 원이 밀려도 몇 달을 기다려줬는데,

6000만 원 때문에 이렇게나 급하게

압류를 집행한다는 게 의아했다.

'우리 회사는 홍대에 있어서 그런가,

강남과 달리 이곳에서는 6000만 원이 높은 체납액인 건가'

하는 씁쓸한 생각이 들었다.

다음 날 부리나케 관할 세무서 담당자를 찾아가

연말까지 들어올 확정 수금액이 적게는 20억 원,

많게는 30억 원에 달한다는 근거 자료를 보여주며

조금만 시간을 달라고 간곡히 부탁했다.

하지만 담당자의 대답은 차가웠다.

그는 자신의 담당 기업 열 곳 중에

우리가 세 번째로 체납액이 많다고 말했다.

내 예상이 맞았다.

왜 강남에서 사업을 해야 하는지

어이없는 일에서 느끼게 되었다.

개발 사업은 개발을 멈추면,

더 이상 대금을 받을 수 없다.

물건을 먼저 납품하고
이후 대금을 받는 구조가 아니기 때문이다.
그러면 회사 전체가 꼼짝하지 못해,
결국 폐업에 이른다.
더 많은 기업에 더 많은 세금을 걷을 기회를
국가가 스스로 없애는 것이다.
나는 담당자에게 이 점을 호소했다.

"왜 이렇게까지 하시는 겁니까?
기업을 살려야 세금도 더 많이 걷을 수 있는 것 아닌가요?
매출 채권을 압류하면 우리 같은 기업은 도산하는 것을
아시지 않습니까?

내 절박한 말에 돌아온 답변은 충격적이었다.
자신도 월 200만 원 받고 일하는 직장인일 뿐이며,
실적 압박 때문에 제 일을 해야 한다는 것이었다.
도저히 이해되지 않았지만,
팀장님까지 만나 싹싹 빌어
한 달이라는 유예기간을 약속받았다.

평소 알고 지내던 세무서 조사과 출신 세무사님께 연락하니,

그가 부조리한 국세 운영 방식을 알려줬다.

세무 담당자의 실적은

전체 체납액 중 징수한 체납액 비율로 결정되는데,

여기에 부당한 일이 발생할 여지가 있다고 한다.

관리하는 기업의 총 제납엑이 10억 원이라면,

그중 5억 원을 걷었을 때 체납액 징수율은 50퍼센트다.

그런데 2억을 체납한 기업이

도산하거나 폐업하면 어떻게 될까?

징수액은 그대로 5억이지만, 분모가 8억으로 줄어드니

징수율은 60퍼센트를 넘게 된다.

돈을 한 푼도 더 걷지 않고도 징수율이 올라가는 것이다.

체납액이 큰 기업이 폐업할수록 징수율도 크게 올라가,

결과적으로 세무 담당자는 일을 잘한 게 되는 셈이었다.

이런 일이 일상적으로 발생한다고 말할 수는 없지만,

어떻게 보면 담당자 한 명의 고과 욕심에

한 회사가 순식간에 문을 닫을 수도 있는 것이다.

시스템은 합리적이지 않았고, 현장은 잔인했다.

하지만 그 시스템에 몸담고 있는 이상

시스템만 탓하고 있을 수도 없는 노릇이다.

그때는 관할 세무서가 적이라고 생각했다.

하지만 내가 먼저 세금을 잘 내고

세무서와 소통하며 신용을 쌓았어야 했다.

모든 자금을 재투자에 쏟아붓느라

비상시를 대비한 현금을 챙겨두지 않은 것도 내 실수였다.

현금은 기업의 혈액이다.

겉보기에 아무리 탄탄한 흑자 기업이라도

현금 흐름이 막히면 순식간에 무너진다.

그러나 당시는 이런 생각보다는,

사업하기 뭐 같다는 생각만 머릿속에 가득했다.

나의 목숨이 파리 목숨보다 가볍다는 사실을 비로소 깨닫자

사업을 하는 게 무서워졌다.

나도 이제는 모든 걸 놓아버리고 싶었다.

그날 밤, 집으로 돌아가 아내에게 나지막이 물었다.

"만약에 회사가 망하면,

집에 빨간딱지가 붙을 수도 있어. 괜찮겠어?"

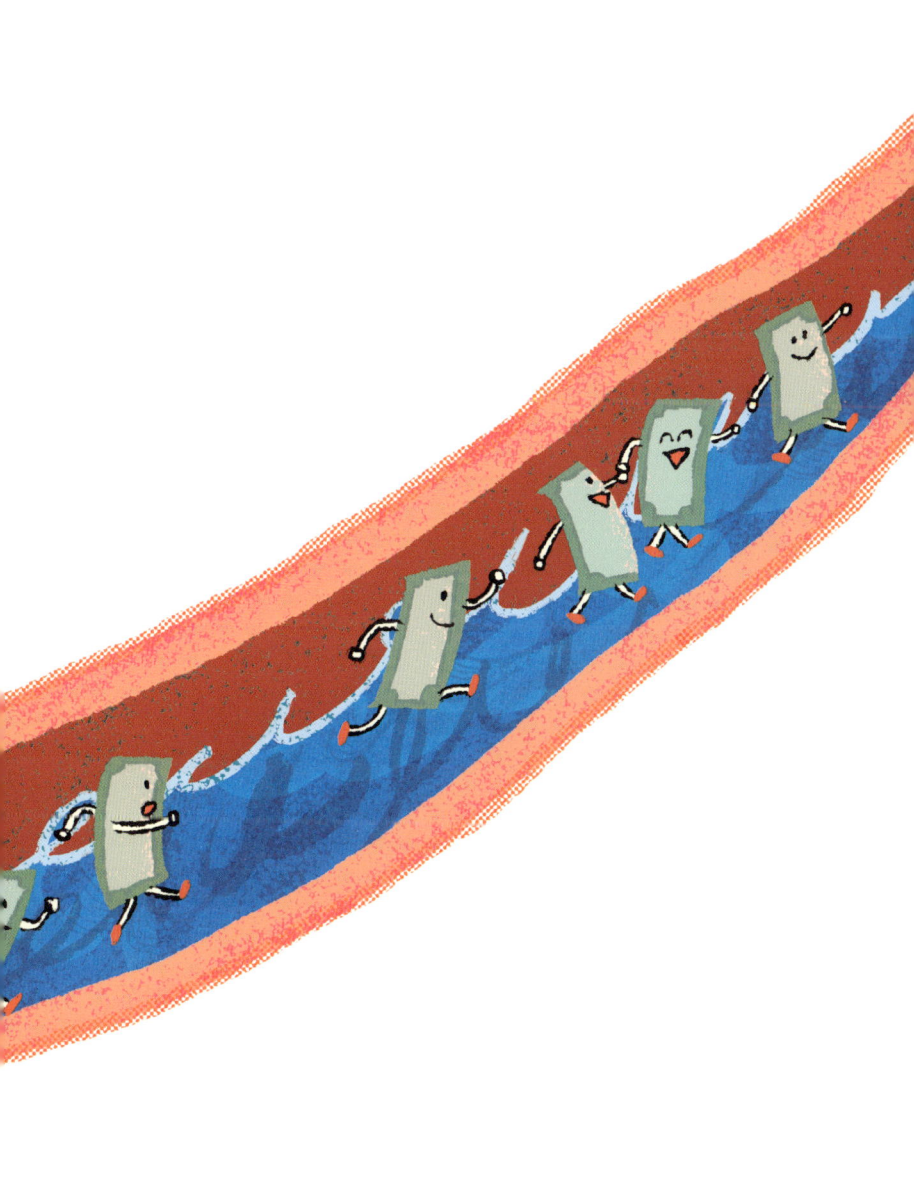

사실 나도 무슨 일이 벌어질지는 몰랐지만
일부러 더 극단적인 상황을 가정하며
조심스럽게 아내의 표정을 살폈다.
아내는 잠시 나를 바라보더니 대답했다.

"나도 이제 당신이 그만 힘들었으면 좋겠어.
하고 싶은 대로 해."

그 한마디에 참았던 눈물이 왈칵 쏟아졌다.
아내가 나를 믿고 지지해 준 덕에
마음을 굳힐 수 있었다.
무엇을 해야 할지 명확해졌다.

자존심을 버리고 빨리 항복하는 게 용기임을,
질질 끌면서 빚을 불리기보다
깔끔하게 정리하고 다음을 도모하는 게 낫다는 사실을
비로소 받아들였다.
다음 날, 나는 변호사와 세무사, 노무사에게 연락해
사업을 잘 마무리하는 방법을 물었다.

잘 망하는 기술

사업을 마무리하는 일이

마냥 복잡하고 아득히 오래 걸리는 과정일 줄 알았다.

하지만 오랫동안 사업한 선배들에게 물으니,

그들의 조언은 의외로 명쾌했다.

모두가 하나같이

직원들 급여와 퇴직금을 꼭 챙겨주고 끝내라고 말했다.

자금난으로 무너지는 건 민사의 문제이지만,

임금 체불은 엄연한 형사 처벌 대상이니,

더 큰 문제에 집중하라는 현실적인 가르침이었다.

특히 임금 체불은 고용노동부에 즉시 고발되기에

최우선으로 해결해야 했다.

즉, 망하는 데도 기술이 필요하다는 이야기였다.

넋 놓고 있다가는 형사 처벌을 받고

재기하지 못할 수도 있으므로,

직원들 월급과 퇴직금부터 챙기는 게

내가 살아남는 길이었다.

다시 시작할 수 있는 최소한의 상태를 만들어두고 끝내는 것.

그것이야말로 '잘 망하는 기술'의 핵심이었다.

매출 내역을 꼼꼼히 살펴보니

한 달 정도면 약 3억 원을 수금할 수 있었고,

그 정도 돈만 있다면

임금의 90퍼센트 이상은 정리할 수 있을 것 같았다.

부족한 금액은 간이 대지급금으로 지급한 뒤

나중에 내가 국가에 변제하면 되겠다 싶었다.

앞으로의 계획이 명확해지자마자

긴급히 임원 회의를 소집하고 내 계획을 알렸다.

그래도 임원들에게마저

차마 매출 채권 압류가 들어온다는 얘기는 하지 못하고

이제는 지쳐서 모든 걸 내려놓고 싶다고 말했다.

세 고객사에서 중도금과 잔금만 무사히 받으면

임금과 퇴직금 문제는 해결될 테니,

마지막까지 자리를 지켜달라고 간곡히 부탁했다.

임직원들은 흔쾌히 도와주겠다고 말했다.

정말로 나를 돕고 싶은 마음이었는지,

아니면 그래야만 돈을 받을 수 있다고

판단한 것인지는 알 길이 없으나,

아마도 그 두 마음이 절반씩 섞여 있지 않았을까 싶다.

관할 세무서에서 벌어둔 유예기간은 딱 30일이었다.

약속된 7월 말이 지나면

남은 매출 채권이 압류될 테니

7월 한 달간 사활을 걸고

중도금과 잔금을 수금하는 데 매달렸다.

그리고 2023년 7월 20일,

마침내 일주일 안에

3억 원가량을 수금하는 것이 확정되었을 때,

이제 마음 놓고 폐업을 할 수 있겠구나 싶어 안도했다.

집에 가져갈 생활비를 남기지 못했다는 사실이

못내 마음에 걸렸지만,

어디든 취직이라도 하면 살길이 열릴 거라고 믿으며

스스로를 다독였다.

하지만 상황은 내 생각처럼 흘러가지 않았다.

바로 다음 날인 7월 21일,

전화기에 불이라도 난 듯 끊임없이 전화가 왔다.

거래처들이었다. 전화를 걸어온 거래처들은

국세청에서 매출 채권 압류가 들어왔다는 소식을 전했다.

분명 관할 세무서에서는 말일까지 시간을 준다고 했는데,

처음부터 그럴 생각이 없었던 게 아니었을까?

심지어 세무서에서는
내가 자발적으로 제공한 매출처 목록을 보고
그곳에 가장 먼저 연락을 돌렸다.
허탈함에 웃음이 터져 나왔다.
내가 너무 순진했던 것일까.

나중에 들으니,
거래처들은 프로젝트가 중단되어
더 이상 우리에게 돈을 줄 이유가 없다고
관할 세무서에 공문을 보냈다고 한다.
그렇게 한때 유망했던 나의 개발 법인은
세무 공무원 한 명의 판단으로 공중분해되었다.

망할 때가 되었다면 빠르게 행동하라

개발 법인은 허망하게 공중분해 되었지만
아직 마케팅 법인이 남아 있었다.
하지만 마케팅 법인도 내 지분율이 100퍼센트였기에
연쇄적으로 압류가 들어오는 건 시간문제였다.

2023년 7월 30일,

긴급 임원 회의를 열어 대책을 논의했다.

나는 마지막 수금액으로

직원들 급여와 퇴직금을 정산하고

모든 것을 끝맺는 것이 최선이라고 생각했다.

어차피 내 부족함으로 일어난 일이었고,

나는 끝난 운명이었다.

내가 다 책임지는 게 낫겠다 싶어서,

오래 함께한 A이사에게

당신 명의로 새 법인을 세우고

그곳으로 고객사와 직원들을 데려가라고 제안했다.

그는 내가 '나쁜 사람'으로 남아야만,

자신이 구심점이 되어

직원들을 뭉쳐 새 법인으로 데려갈 수 있다고 말했다.

나는 그의 말대로 내가 악역을 맡는 대신,

우리 가족이 6개월간 버틸 최소한의 생활비와

개인회생에 필요한 법무사 섭외 비용

200만 원만 챙겨달라고 부탁했다.

그는 알았다고 하며 앞으로 내가 할 일을 설명했다.

나는 직원 임금과 퇴직금 지급 각서를 쓰고,

전 직원 앞에서 미안하다고 말하며

최대한 처량한 모습을 보여야 했다.

그 대신 나는 애초에 약속한 대로,

회사를 넘겨줬으니, 직원들의 임금과 퇴직금은

당신이 책임진다는 내용을 서면화하자고 말했다.

그러나 그는 거절했다.

비록 계약서는 남기지 못했지만,

그 약속을 다른 임원들과 본부장, 팀장들이 지켜봤기에

그를 의심하지 않았다.

A이사는 그 능력을 인정받아

우리 회사 최초로 직원에서 임원까지 승진한 사람이었다.

그가 임원이 되었을 때

기쁜 마음으로 BMW M4 컴페티션을 선물하기도 했다.

일찍이 지분을 절반 줄 테니

마케팅 법인의 대표이사가 되어

하고 싶은 대로 회사를 운영해 보라고 제안했을 때,

그는 기술보증기금에서 대출받은 금액이

법인의 빚으로 끼어있어 부담된다며 거절했다.

나는 빚을 청산한 다음 온전한 법인을 주겠다고 말했다.

그만큼 아끼던 사람이었기에,

더욱 그를 믿고 싶었다.

사실 그를 믿는 것 말고는 다른 선택지가 없었다.

모두가 빠르게 움직인 덕에

모든 게 정리되는 데 두 달이 채 걸리지 않았다.

늘 직원들에 둘러싸여 북적이며 살아왔는데,

정신을 차려보니 어느덧 완전히 혼자가 되었다.

다른 건 다 견딜 수 있었지만,

사방을 메운 그 적막함과 외로움에 익숙해지는 데는

수개월이 걸렸다.

대표가 짐이 될 때

A이사가 법인을 만들고 직원들을 데려가는 동안

나는 법무사를 통해 개인회생 절차를 밟기 시작했다.

그렇게 퇴사 후 2주가 지났을 무렵

A이사, 아니 A대표에게 연락했다.

약속했던 법무사 비용을 부탁하자

그는 회사가 어려워 돈을 줄 여유가 없다는 답변을 내놓았다.

그가 내 법인에서 가져간 고객사들과

얼마 전에 큰 계약을 맺었고

내 법인의 몫이었던 매출마저 그의 법인으로 가져간 사실을

빤히 알고 있었기에

그의 거절은 더욱 충격적이었다.

며칠 뒤 만난 A대표는 온갖 변명을 동원해 해명하려 했지만,

그가 아무리 좋게 이야기해도

그에게 속았다는 사실이 변하지는 않았다.

원래부터 그에게 회사를 넘기려 했으나

결코 이런 식으로는 아니었다.

그때, 그가 예전에 개인 명의로

1억 원을 대출받아 회사에 투자했으므로,

어쩌면 그 회사가 그의 명의로 남는 것이 맞을지도 모른다는

체념 섞인 생각이 뇌리를 스쳤다.

그래서 나는 더 이상 내 몫을 요구하지 않을 테니

부디 잘해보라는 마지막 인사를 남기고 자리를 떠났다.

당시 나는 내가 회사를 넘겨주면,

그들도 의리를 지켜 나를 도와줄 거라고 믿었다.

하지만 모든 것을 잃고 빈털터리가 된 전 대표이사는

그들에게 남보다 못한,

그저 빨리 털어내고 싶은 거추장스러운 존재에 불과했다.

이 모든 게 단지 그들이 나빴기 때문에

일어난 일이라고는 생각하지 않는다.

다만 그들이 처한 상황이 그들의 결정을 만든 것이다.

친구는 가까이, 변호사는 더 가까이

당시 나는 개발 법인이

매출 채권 압류로 허망하게 무너지며

마지막 수금액으로

직원들의 급여와 퇴직금을 정산하려던 계획이

물거품이 되어,

근로기준법 위반으로 고발된 상태였다.

대지급금 제도를 통해

1억 원이 넘는 체불액 중 일부는 수금했으나,

여전히 6000만 원이 넘는 체불액이 남아있었다.

1심 재판부는 여러 시기적 상황과

직원의 피해를 줄이려 노력한 점,

지급 각서를 제공하며 합의를 시도한 점 등을 참작해 주었다.

특히 횡령 등의 개인적 유용이 없었고

개인회생 중이며 어린 자녀가 있다는 점이

양형 사유로 인정되어,

징역 6개월에 집행유예 2년을 선고받았다.

내 진심과 억울함을 법이 알아준 것만 같아

안도감에 눈물이 쏟아졌다.

나는 정말 직원들을 위해 최선을 다했으니까.

가족들을 떠나지 않아도 된다는 사실만으로 행복했다.

이제 다 끝났으니, 재기에만 집중할 수 있겠구나 싶어

하늘이 돕는다는 생각까지 들었다.

하지만 평온은 오래가지 않았다.

한 달 뒤, 집으로 항소장이 날아온 것이다.

검찰의 양형 부당 자동 항소*였다.

나는 내 진정성을 보여준다면

충분히 소명될 것이라 믿었기에

2심에는 변호사 없이 혼자 공판에 나갔다.

공판에서 검사와 판사는

내가 처음 듣는 말을 주고받았는데,

재무이사 사건과 임금 체불 사건을

이렇게 연결하려는 것 같았다.

서로 전혀 다른 사건이고,

하나는 이미 종결되었는데

두 사건이 무슨 관련이 있는지 의아해하던 중

'후단경합법'[**]이라는 단어가 귀에 들어왔다.

공판이 끝난 뒤 변호사에게 전화를 걸어 물으니,

아무 관계 없는 사건이니

걱정할 필요 없다는 답이 돌아왔다.

내가 듣고 싶은 말이었다.

두 번째 공판에서도

---

[*]   형사 재판에서 1심 판결의 형량이 검사가 요청한 형량과 크게 차이가 날 때 자동으로 제기되는 항소. 일반적으로 검사가 요청한 형량의 절반 미만으로 선고가 나오면 제기된다.

[**]   유죄 판결이 확정된 사건이 있는데, 그 판결이 나기 전에 저지른 죄가 뒤늦게 발견되어 두 사건을 합쳐 재판을 받는 것. 이 경우 이미 확정된 형량을 고려해 새로 형량을 정한다.

1심 때와 같은 결과가 나올 것이라고 예상해서

변호사 없이 홀로 법정에 섰다.

혹시나 하는 마음에

재무이사가 사건에 대한 의견서를 제출해 정황을 설명했다.

그자의 벌금형 판결문도 함께 냈다.

판사는 일반적인 확인 절차라고 말하며 나를 안심시켰다.

2심의 선고 공판이 열린 2025년 2월 오전 10시.

그날은 유독 약속도 미팅도 많은 날이었다.

잠깐 들렀다가 돌아올 요량으로

누구에게도 재판 소식을 알리지 않고 차를 몰았다.

정체된 도로 위에서 마음을 졸이다가

인근 오피스텔 유료주차장에 던져두듯 차를 대고는

허겁지겁 뛰어서 재판장에 들어갔다.

곧바로 내 차례가 다가왔다.

가쁜 숨을 몰아쉬며 피고인석에 앉기가 무섭게

판사가 판결문을 낭독하기 시작했다.

판결문을 듣는 동안 나는 숨을 고르느라 여념이 없었다.

그 순간, 판사의 한마디가 공기를 갈랐다.

"1심의 판결을 파기하고 피고인을 징역 6개월에 처한다."

나는 잘못 들은 줄 알았다.

집행유예가 아닌 실형이라니.

혼란스러운 와중에도

우선 집에 가서 변호사를 선인해야겠다고 생각하던 찰나

판사는 "피고인은 법정 뒤로 나가세요"라는 말을 덧붙였다.

정신을 차리고 뒤를 돌아보니

내가 들어온 문 말고 다른 문이 열려 있었고,

문 앞에는 나를 기다리는 교도관들이 보였다.

뭔가 착오가 있는 거라며 현실을 부정하는 순간,

잊고 있던 공황장애 증상이 나를 덮쳤다.

시야가 좁아지고 숨이 가빠왔다.

아직도 그때를 생각하면 숨이 막히는 듯하다.

전화 한 통만 하겠다고 사정했지만,

구속된 내게 그런 권리는 없었다.

교도관을 통해 구속 사실을 알릴 수는 있었지만,

야속하게도 아내의 전화번호가 기억나지 않았다.

사정사정한 끝에 잠시 핸드폰을 돌려받아

아내의 번호를 확인한 것이 그나마 다행이었다.

구속을 위한 일련의 절차가 끝나자

교도관은 두꺼운 벨트로

등 뒤에서부터 양팔을 속박하고, 수갑을 채웠다.

조금 전에 시작된 공황 증상이 극에 달해

물 한 잔 먹으면 괜찮을까 싶어 물을 부탁했으나,

직접 떠먹으라는 대답이 돌아왔다.

포박된 상태에서는 종이컵에 물을 담는 것도,

허리를 숙여 입을 종이컵에 가져다 대는 것도 쉽지 않았다.

아무도 도와주지 않는 그 상황에서

나는 구속이란 어떤 상태인지 서서히 실감했다.

구치소로 향하는 버스를 기다리며 호흡을 조절했다.

하지만 멈춰버린 일들, 법원 근처 오피스텔에 주차한 자,

이번 달 가족 생활비, 오늘 예정된 미팅 등

수습해야 하는 일들이 떠올라 머릿속이 더 복잡해졌다.

그러나 어떤 일도 해결할 수 없었다.

메모조차 할 수 없었기에,

그저 잊지 않기 위해 머릿속으로 수없이 복기할 뿐이었다.

나는 벌벌 떨며 파란색 법무부 버스를 타고

남부구치소로 갔다.

몇 가지 설문조사를 하고 죄수복으로 갈아입은 뒤

'신입 방'이라는 곳에 홀로 던져졌다.

재판이 이른 시간에 열렸던 터라

신입 방에는 나밖에 없었다.

네 명이 겨우 누울 수 있는 좁은 방이었다.

구치소로 오는 길에

다시 한번 보호자 연락처를 적을 기회가 있었으나

여전히 아내의 번호가 기억나지 않았다.

그나마 희미한 기억을 더듬어 전화번호를 두세 개 적었다.

교도관은 내가 적은 모든 번호에 전화를 걸어주었지만,

그중 아내 번호는 없었다.

가족들에게 나는 실종된 상태였다.

하루가 지나도 아내는 나타나지 않았다.

두려움이 점점 커졌다.

공교롭게도 그날은

여섯 살 아들의 재롱잔치가 열리는 날이었다.

아내와 아들의 온기가 절실해질수록

이들에 대한 걱정도 커져만 갔다.

나를 기다리고 있을 가족들을 생각하니 가슴이 미어졌다.

구속 3일 차, 접견 안내 방송이 들려왔을 때

비로소 참았던 눈물이 터졌다.

아내가 드디어 나를 찾아낸 것이었다.

나중에 아내에게 들으니,

내가 구속되던 날에 법원에서 문자가 하나 왔지만,

아내는 피싱이라고 생각했다고 한다.

혹시나 해서 내게 전화를 걸어보았으나,

내 전화기는 꺼져 있었고,

종일 내 연락을 기다리다가

법원부터 시작해서 사방팔방 나를 찾아 헤맸던 것이다.

나는 그로부터 4개월 뒤

2025년 6월에 가석방 대상자가 되어 출소했다.

초보 사업가를 위한 생존의 기술

처음부터 법인으로 시작한다

대부분의 소규모 창업자는 절차의 간소함과
초기 비용 절감을 이유로
법인 사업자보다는
개인 사업자로 사업을 시작하는 경우가 많다.
하지만 사업을 조금이라도 키울 생각이라면,
처음부터 법인 사업자로 시작하는 것이
압도적으로 유리하다.

가장 결정적인 이유는 리스크 분리다.
개인 사업자는 회사와 대표가 운명을 같이하는 한몸이다.

만약 회사가 빚을 지고 무너지면,

대표 개인의 아파트와 자동차,

심지어 예금통장까지

모조리 압류의 대상이 된다.

최소한의 방어막조차 없는 셈이다.

반면 법인은 법률에 의하여 권리능력이 인정된

별개의 법적 인격체다.

따라서 스스로 연대보증이라는 족쇄를 차지 않는 이상,

회사가 무너져도 대표 개인의 재산은 지킬 수 있다.

단 한 번의 실패로

인생 전체가 나락으로 떨어지는 것을 막으려면

반드시 법인이라는 방패를 활용해야 한다.

망할 것 같다면 D-day 전략

최선을 다했음에도 더 이상 희망이 보이지 않는다면,

그때는 '잘 망하는 기술'이 필요하다.

죄지은 게 없다고 멍하니 손을 놓고 있다가는

형사 처벌을 받는 등 재기 불능 상태에 빠질 수 있다.

퇴로를 열기 위해서는

냉정하게 다음의 세 단계 절차를 수행해야 한다.

첫째, D-day를 설정한다.

비수금을 최대로 회수할 수 있는 날을 기준으로

폐업일을 확정한다.

둘째, 지출을 동결한다.

D-day까지 세금, 카드값, 리스비, 임대료 등

모든 지출을 잠근다.

독촉 전화가 오면 성실히 응대하되,

돈은 내지 않는다.

압류는 바로 들어오지 않으므로 두 달 정도는 시간이 있다.

셋째, 최우선 변제 기준을 세운다.

회수한 미수금과 지출 동결을 통해 모은 돈으로

직원들의 임금과 퇴직금부터 지급한다.

임금을 체불하는 경우 형사 처벌이 불가피하다.

한 가지 명심할 점은,

폐업이 임박한 시점에

절대 신규 계약을 맺어서는 안 된다는 사실이다.

계약 사항을 이행할 능력이 없음에도

계약금을 받는 행위는 명백한 사기죄에 해당한다.

깡통 법인은 절대 팔지 않는다

사업을 접으려 할 때

사장의 절박함을 파고드는 브로커들이 나타나곤 한다.

이들은 이미 죽은 것이나 다름없는 법인을 넘기는 대가로

소정의 금액을 제시하며 유혹한다.

당장 돈이 급한 사장들은 이 유혹에 넘어가기 쉽다.

하지만 법인은 절대 팔아서는 안 된다.

브로커가 사 간 법인 통장은 백이면 백

보이스피싱이나 자금 세탁용 '대포 통장'으로 둔갑한다.

범죄자들이 당신의 법인 명의로

누군가의 삶을 파괴하는 것이다.

법인을 양도하며 대표 명의를 변경해도,

경찰은 최초 설립자인 당신을 소환해

참고인 조사를 시작할 것이다.

단 몇백만 원 벌려고 하다가

범죄에 연루되어 인생이 피곤해진다.

그러니 죽은 법인은 깔끔하게 청산하고

폐업 신고하는 것이 가장 안전한 마무리다.

사장이 다시 시작할 때

이가 없으면 잇몸으로

어려운 것은
큰 꿈을 꾸는 것이 아니다.
그 꿈이 악몽으로 변해
한밤중 식은땀을 흘리며 깨어날 때
다시 잠드는 법을 배우는 것이다.

• 벤 호로위츠(옵스웨어 창업자) •

첫 직장 생활

2023년 마케팅 법인을 떠난 뒤
2025년의 2심 판결이 나기 전까지,
내 삶은 먹고사는 길을 찾는 또 다른 싸움의 연속이었다.
당장 입에 풀칠할 일을 찾아야 했고,
개인회생 절차를 밟으며
빚을 갚아나갈 돈도 절실했다.
대학생 때부터 오로지 창업자로만 살아온 내게,
창업이 아닌 다른 방법으로 돈을 버는 건
도무지 묘연한 일이었다.
더욱이 채무가 정리되지 않은 상태라
법인을 세우는 건 어려웠고,
당장 새 사업을 시작할 종잣돈도 없는 상태였다.

평소 친분이 있던 D대표님에게
합작 법인을 제안해 보았으나,
그는 우선 본사의 매출을 끌어올려야 한다며 난색을 표했다.
결국 논의 끝에 나는 그가 운영하는 옥외 광고 회사의
온라인 마케팅 총괄 이사로 합류했다.

하지만 출근한 지 일주일도 지나지 않아

이곳이 얼마나 위태로운지 알 수 있었다.

대표이사 혼자서

전체 매출의 80퍼센트를 감당하는 기이한 구조였다.

오히려 직원이 없다면

D대표님 혼자 잘 먹고 잘살 수 있을 듯했다.

게다가 연말까지 외상 광고비를 해결하지 못하면

사업 자체가 위태로울 만큼 재정도 불안했다.

당장이라도 뛰쳐나가고 싶었지만,

내게는 생활비와 사업 자금이 필요했다.

기회를 준 D대표님께도

어떻게든 보답하고 싶은 마음이 컸다.

하지만 마케팅을 하기에는 사람이 부족했다.

그나마 마케팅을 이해하는 팀장은

주 2일만 출근하는 프리랜서였고

기획자에게서는 역량도 의지도 보이지 않았다.

이러한 상황이 너무나 의아해서

D대표님께 이 직원들을 데리고 있는 이유를 물어봤다.

그의 말인즉,

사실상 회사의 돈을 아끼느라
어쩔 수 없는 상황이었다.
회사에는 낮은 인건비에 수긍한 직원들만 남아
시간을 때우고 있었다.

D대표님은 기존 인원을 포함하여 팀을 꾸리라고 말했지만,
나는 새로 팀을 만들겠다고 말했다.
당분간은 혼자서도 충분히 마케팅을 운영할 수 있을 것 같아
우선 직접 노션으로 간이 홈페이지를 만들고
마케팅 광고를 돌렸다.
얼마 지나지 않아 마케팅 문의가 들어왔고,
일부 문의는 계약으로 이어졌다.
체결된 계약이 네다섯 건 정도 쌓이자
이제는 정말 직원이 필요했다.
하지만 급하게 아무나 채용할 수는 없어서
지원자가 회사를 매력적이라고 느끼도록
채용 공고를 다듬었다.

문제는 이 클래식한 옥외 광고 회사의 복지가
다른 회사들의 복지에 한참 뒤처진다는 점이었다.

그래도 없으면 없는 대로 최선을 다할 수밖에 없었다.

이력서를 추리고 한 명 한 명 직접 면접을 보는데,

면접장에 오던 이들이 도중에 발길을 돌리는 일이 허다했다.

신문사의 구석에 위치한 사무실 분위기가

면접자 입장에서는 그리 달갑지 않았을 터였다.

나는 작전을 바꿔 1층까지 마중 나가 면접자를 맞이했다.

사무실로 올라가는 내내 쉼 없이 말을 걸며,

그들의 시선이 분산되지 않게 했다.

마침내 첫 직원으로 디자이너 한 명을 채용했다.

무엇보다 인성이 마음에 들었고,

조금만 이끌어준다면

훌륭한 인재로 성장할 거라는 확신이 들었다.

뒤이어 마케팅 기획자 두 명을 더 채용하고

본격적으로 영업에 들어갔다.

입사 후 두 달이 지나자

팀은 제법 그럴듯한 모양새를 갖추며 굴러가기 시작했다.

그런데 이때쯤 D대표님의 압박이 시작됐다.

아무 기반도 없는 곳에서 계약을 따내고

일 잘하고 의욕이 넘치는 팀을 만들어놓았건만,

돌아오는 건 직원들을 너무 많이 뽑았다는 타박이었다.

광고를 더 집행해 추가로 계약을 체결하고 싶었으나

이제는 필수 광고비마저

쓰겠다고 말하기 힘든 처지가 되었다.

그렇게 나는 입사 3개월 만에

내가 꾸린 팀을 뒤로하고 회사를 나왔다.

맨몸으로 던져져도 살아남는 법

3개월간의 짧은 직장 생활로 최소한의 생활비를 모았다.

그동안 나는 틈틈이 홈페이지를 만들며

재기의 발판을 마련했다.

마케팅 분야로는 언제든 다시 시작할 수 있었지만,

정작 내 발목을 잡은 건 법인이 없다는 사실이었다.

남들은 법인부터 만들고

몇 개월에 걸쳐 콘텐츠를 준비하는데,

나는 반대로 콘텐츠는 있지만 법인이 없었다.

고민 끝에 궁여지책으로

아직 존재하지도 않는 임시 법인명을 지어
명함을 만들고 로고를 디자인했다.

폐업한 지 4개월이 지난 시점이었다.
아직 회생 인가 결정이 나지 않아
채무 변제 일정이 잡히지 않았기에,
하루에도 수십 번씩 빚 독촉 연락이 쏟아졌다.
이런 상황에서 법인을 만들 마음을 먹는 건
결코 쉬운 일이 아니었다.
무엇보다 다시 직원을 채용하고 급여를 걱정하는
그 지옥 같은 굴레로 돌아가고 싶지 않았다.
그래서 딱 1년만 직원을 채용하지 않고,
나 혼자서 어디까지 갈 수 있는지 시험해 보기로 결심했다.

평소 친분이 깊던 보험 GA사의 C이사님을 찾아가
암보험 DB를 다시 공급할 수 있느냐 물으니
C이사님은 매우 좋은 조건으로 나와 계약해 주었다.
2년 이상 실무에서 떠나 있었기에,
나는 과거의 광고 데이터를 이 잡듯 뒤지며
고성과 소재와 랜딩 페이지를 분석하기 시작했다.

최근 한 달부터 1년, 전체 기간까지.

필터를 바꿔가며 분석한 끝에

비로소 공통되는

고성과 소재와 랜딩 페이지의 공식을 발견했다.

도메인을 연결하고 새로운 추적 코드를 심어

라이브 준비를 마치는 데는 단 이틀이면 충분했다.

직접 하기 어려운 코딩은

이전 법인이 잘나가던 시절 이직한

전 직원에게 외주를 맡겼다.

기획부터 디자인, 운영, 분석, 코딩까지

필요한 능력을 조금씩이나마 두루 갖춘 것이 큰 힘이 되었다.

그렇게 광고를 시작했고,

다행히 더 이상 생활비는 걱정하지 않을 만큼

수익을 올릴 수 있었다.

자신감을 얻은 나는 곧바로 개발 사업 복원에 나섰다.

나는 회사가 망하기 직전

6000만 원가량의 대금을 지급하지 못했던

하청 개발사의 E대표님께 연락했다.

E대표님의 회사는 기술력이 뛰어났다.
또한 네 개의 프로젝트를 함께했으나
한 번도 일정이 지연된 적 없는 유일한 개발사였다.

당연히 밀린 돈부터 갚으라고 할 줄 알았으나,
그는 놀랍게도 먼저 나의 이야기를 들어주었다.
나는 고객을 만들어줄 테니
매출의 30퍼센트를 수수료로 달라고 제안했다.
그 30퍼센트 안에서 광고비까지 내가 해결하겠다고 말하니,
그 역시 거절할 이유가 없었다.
정상가로 수주하고 수수료를 떼어줘도
평소 받던 외주비의 두 배가 넘었기 때문이다.
그는 흔쾌히 나의 제안을 수락했고,
그렇게 나는 E대표님 회사에 부대표로 합류했다.
나는 그때 내가 진 빚의 열 배를 벌어드리리라 다짐했다.

그렇게 3개월 동안 크고 작은 계약 대여섯 개를 체결해
E대표님께 넘겨주었다.
단순히 계약만 체결하고 손을 뗀 것이 아니라
킥오프 미팅부터 사후 관리까지 철저히 챙겼다.

그 덕분에 몇 가지 문제를 사전에 발견해 해결하기도 했다.

고객사의 불편함을 미리 살펴 해결해 주다 보면,

또 다른 기회가 찾아온다는

비즈니스의 생리를 잘 알고 있었기 때문이다.

내가 가장 잘하는 영업에만 집중하고

실무에는 개입하지 않으니

편안한 마음으로 일할 수 있었다.

사업을 하기 위해서는

일단 번듯한 공간을 만들어

유능한 직원들을 고용해야만 한다는

강박에서 벗어나자

마침내 진짜 자유가 찾아왔다.

사업을 시작하고 투자금이 조금씩 들어오면

많은 사업가가 가장 먼저 하는 일이 있다.

강남 한복판에 번듯한 사무실을 얻고,

수천만 원을 들여 인테리어 공사를 하는 것이다.

이때 직원들에게 좋은 환경을 주고 싶다는

그럴듯한 이유를 가져다 붙인다.

하지만 대개 가장 먼저 바뀌는 건

바로 대표이사의 책상이다.

멀쩡하던 책상을 버리고

드라마에 나올 법한 중후한 원목 책상으로 바꾼다.

사무실 한편에는 수천만 원짜리 소파 세트가 들어온다.

한번 솔직해져 보자.

그거 다 폼 잡는 거 아닌가?

특히 스타트업 회사에 찾아오는 투자자들은

비싼 가구를 보고

그 회사가 잘나간다고 생각하지 않는다.

오히려 대표가 내실을 다질 생각은 안 하고

겉멋이 먼저 들었다고 생각하며

투자할 의향을 접을 수도 있다.

냉정하게 말해서,

100만 원짜리 의자에 앉는다고

100만 원어치 아이디어가 나오는 게 아니다.

십만 원짜리 책상에서도 유니콘 기업은 탄생한다.

가구는 감가상각이 가장 심한 자산이다.

사는 순간 중고가 되고,

팔려고 하면 오히려 돈을 주고 버려야 하는 쓰레기가 된다.

나도 비대한 법인을 운영하며

넓은 사무실과 화려한 인테리어에 집착했다.

하지만 3000만 원을 들인 인테리어를 철거하며

300만 원을 써본 적이 있는가?

나는 있다.

그 피눈물 나는 경험을 당신은 하지 않길 바란다.

돈은 책상 다리가 아니라,

직원들 급여 통장과 마케팅 계좌에 있어야 한다.

매달 꼬박꼬박 나가는 임대료와 관리비,

각종 기기 대여비, 보안 업체 비용 같은 고정비는

회사가 어려워질 때 목을 조여오는 올가미가 된다.

매출이 0원이어도 고정비는 나간다.

따라서 이제 막 사업을 시작했다면,

무조건 공유 오피스에 들어가는 것이 좋다.

보증금 낼 돈으로 마케팅을 돌리고,

인테리어 할 돈으로 직원들 보너스를 줄 수 있다.

공유 오피스의 월세가 비싸 보이지만,

이는 청소비, 통신비, 전기세, 커피값,

미팅룸 대여 비용까지 다 포함된 가격이다.

무엇보다 여차하면 위약금 없이
가볍게 털고 나올 수도 있다.

그래도 투자를 받거나
거래처 사람들에게 신뢰를 주기 위해서는
사무실이 있는 게 좋지 않을까 생각하는가?
내가 가진 역량만 확실하다면,
노트북 한 대만 가지고서도
어디서든 수익을 창출할 수 있다.
진정한 사업가는 맨몸으로
비즈니스라는 정글에 던져져도
홀로 살아남는 법을 아는 사람이다.
나 역시 '대표 놀이'를 그만두고
모든 역량을 사업의 본질에만 집중하니
비용은 획기적으로 줄고 수익은 오히려 늘었다.
특히나 오늘날처럼 불안한 시장에서는
고정비를 극도로 줄이며
불필요한 곁가지를 쳐내야 한다.
규모가 큰 게 강한 것이 아니다.
가볍고 빠른 게 강한 것이다.

매출보다 순익

직원 수십 명을 고용해 사업을 운영하던 때보다
매출은 줄어들었지만,
오히려 내 손에 들어오는 수익은
그때와 비교할 수 없을 만큼 늘었다.
200억 원 가까운 매출을 달성했을 땐
책임져야 할 직원 수가 80명에 달했다.
직원 한 명당 최소 2억 원가량의 매출을 만들어야
겨우 회사를 유지할 수 있는 구조였다.
그러다 보니 마케팅 사업을 운영하며
수많은 고객사를 보유했음에도
늘 수익의 한계에 부딪혔다.

개발 사업은 철저하게 M/M[*]를 계산해
손해가 나지 않도록 견적을 계산하기에,
상대적으로 수익을 관리하기가 수월했다.
이번에도 수익을 중시해서 연 매출 목표를 설정했다.

---

[*]   Man/Month: 한 사람이 한 달 동안 일하는 양.

흔히 탐내기 쉬운 10억 이상의 대규모 프로젝트는

수주 자체가 매우 어려울 뿐 아니라,

수주 후 프로젝트 진행 과정에서

예기치 못한 변수로 인해

오히려 적자가 날 위험이 컸다.

그래서 나는 2억 원에서 3억 원 사이의

중간 규모 프로젝트에 집중하기로 했다.

이 정도 규모 프로젝트는 경쟁 PT가 없거나

PT 자체가 약식으로 진행된다는 명확한 장점이 있었다.

추가로 직원을 채용하지 않고,

함께하는 대표가 물량 전체를 소화하는 방식을 택했다.

서울의 비싼 개발자 인건비 문제를 해결하기 위해

지방에 운영 중인 거점이 있었기에

30퍼센트 이상 낮은 비용으로

인력을 운용할 수 있었다.

서울 오피스에는 영업과 기획, PM만 두었다.

고정비와 초기 비용을 최대한 줄이기 위해

공유 오피스의 라운지 자유석을 이용했다.

자유석은 고정된 자리 없이 빈 데스크에 앉는 방식이고

비용도 인당 약 25만 원으로 매우 저렴했다.

서버 이용 비용과 도메인 이용 비용,

노션, 우피, 구글 비즈니스 계정 구독료 등

운영에 필수적인 비용을 모두 합쳐도

월 고정비가 200만 원을 넘지 않았다.

나는 그저 노션과 우피로 만든 웹사이트의

포트폴리오와 소개서를 주기적으로 업데이트하고,

문의가 오면 상담 후 계약을 체결하는 업무에만 집중했다.

겉보기에는 쉬운 일로 보일지 모르나,

과거 내 법인처럼 일반적인 회사에서는

똑같은 일을 하기 위해

대표이사, 기획자, 개발자, 디자이너,

영업자, 경영지원팀이 필요했다.

고정비는 파격적으로 줄고

의사결정과 실행 속도는 비약적으로 빨라졌다.

정말 이렇게나 가벼워져도 괜찮은 것일까 하는

기분 좋은 의구심이 들 정도였다.

인건비 기반 사업에서 벗어날 때

나는 언제나 미팅이 끝나면 30분 안에 견적을 보냈고
어떤 문의든 30분 안에 답변했다.
게다가 20년 동안 개발사 대표로 지내며
수천 개의 견적서를 산출해 온 감각 덕분에
프로젝트 내용만 대충 들어도 M/M가 즉시 계산됐다.
특히 2억 원에서 3억 원 규모의 프로젝트는
과업 범위가 어느 정도 정해져 있어
더욱 기민하게 고객을 응대할 수 있었다.

나는 내가 자신 있는 개발 언어만을 고집하지 않았고,
오로지 고객이 무엇을 원하는지 끊임없이 고민하며
그들의 예산에 최적화된 개발 방안을 제안했다.
초기 견적을 낼 때
미리 추가 개발 비용에 대한 가이드를 포함해 두었기에,
프로젝트를 실제로 진행하는 과정에서
개발 범위가 10퍼센트 정도 늘어나더라도
고객사와 얼굴 붉히는 일 없이
서로가 유연하게 대처할 수 있었다.

과거의 내 법인에서는 결코 그렇게 하지 못했다.

당시의 조직은 지나치게 무거웠고,

매달 5억 원에서 6억 원 규모의 신규 계약을 따내야만

간신히 인건비를 감당할 수 있었다.

인건비 기반 사업이란

기업이 커질수록 부담도 함께 커지는

이상한 구조의 사업이었다.

그 이상한 구조에서 벗어난 나는,

홀로 선 첫해에 30억 원에 가까운 매출을 올렸다.

순익이 매출의 30퍼센트에 달하는 놀라운 성과였다.

무너진 신뢰를 회복하기

다시 번 돈은 우선 곁에서 고생한 아내에게 바쳤다.

다음으로는 반드시 갚아야 할 마음의 빚이 남아있었다.

아버지와 장인어른, 장모님 그리고 친구들과 동료 대표님들.

내가 가장 어려울 때 기꺼이 손을 내밀어 준

고마운 인연들이 너무나 많았다.

적게는 몇백만 원에서 많게는 몇천만 원까지,
각자의 형편껏 보태준 그 소중한 돈 덕분에
단 한 푼이 아쉬웠던 시절,
직원들의 임금을 조금이라도 챙겨줄 수 있었다.
특히 처가에서 1억 5000만 원이라는 큰돈을
대출받아 내어주셨을 때는
마음의 짐이 말로 다 할 수 없을 만큼 무거웠다.

돈을 빌린 후에도 처가를 자주 찾았지만,
장인어른과 장모님의 얼굴을 뵐 때마다
죄송한 마음을 감출 길이 없었다.
혹여나 나 하나 때문에 우리 집과 처가가
전부 패가망신할 수도 있다는 불안감에
하루하루가 지옥 같았다.
마침내 그 빚을 전액 상환하던 날,
밀려오는 고마움과 홀가분함에 가슴이 벅찼다.
그때 비로소 깨달았다.
빚을 갚는 건 단순히 빌린 돈을 돌려주는 일을 넘어,
무너졌던 신뢰를 다시 쌓아 올리는 과정이다.

기업을 운영하든 작은 가게를 꾸리든

사업의 길에 들어선 이상

남들은 평생 한 번 겪을까 말까 한 풍파를

수시로 경험할 수밖에 없을 것이다.

아니, '경험한다'는 점잖은 표현보다는

'당한다'는 표현이 훨씬 적절할지도 모르겠다.

사람, 시스템, 거시 경제 등

사업자를 괴롭히고 끝내 넘어뜨리는 요인은

일일이 나열하기조차 벅찰 만큼 다양하다.

나는 유독 사람 때문에 자주 무너졌고,

그때마다 화를 참지 못해 그들을 원망하고 저주했다.

서로가 서로를 물고 뜯으며

진흙탕을 뒹구는 듯한 고통스러운 나날이었다.

하지만 이제는 그런 감정들도 희미해진 지 오래다.

결코 그들을 용서한 건 아니다.

그저 과거의 기억이

더 이상 나를 끌어내리지 못하도록

내 삶에서 그들을

무관심이라는 영역으로 밀어냈을 뿐이다.

어쩌면 그들 중 누군가는 여전히 남을 속이거나
눈앞의 작은 이익에 눈이 멀어 진흙탕을 구르고 있을 것이다.
이미 그곳에서 빠져나온 내가,
오물을 뒤집어쓴 그들에게 침을 뱉을 이유가 없다.
나는 그들에게서 고개를 돌려 앞을 보고 나아갈 뿐이다.
그것이야말로 가장 우아한 복수가 아닐까.

변하지 않는 사업의 본질

2023년 7월, 대표 자리에서 물러난 뒤

나는 앞으로 무엇을 해야 하나 고민했다.

그 고민이 2년이나 이어졌다.

당장 무엇을 해서 먹고살지만 생각한 것은 아니었다.

전쟁과 불황이라는 악조건 때문에

전에는 가만히 있어도 끊임없이 떠오르던 사업 아이템이

더 이상 보이지 않게 된 게 문제였다.

나는 10년이 지나도 지속 가능한 사업 모델을 찾고 싶었다.

그래서 내가 한참 나이를 먹어서도 할 수 있는

사업 아이템을 신중하게 찾아보기로 했다.

하지만 1년이 지나도 도무지 길이 보이지 않았다.

새로운 사업에 도전하기 어려워진 시대가

갑자기 도래한 것 같았다.

고작 생각해 낸 것이 요트 딜러 사업이었다.

지방에 내려가 관광객을 대상으로 영업하면

그래도 한 달에 1000만 원은 벌 수 있을 것 같았지만,

썩 만족스러운 삶은 아니었다.

그러던 차에 광고 계정을 위탁해 둔 광고 대행사가

기존의 광고 실적을 엉망으로 만들었다.

바닥 친 실적을 복구해야 했지만,

다시 내가 직접 광고를 운영하고 싶지는 않았다.

그래서 AI를 써보기로 했다.

AI로 일주일 만에 만든 구글 광고 자동화 시스템은

사람이 24시간 모니터링하지 않아도

광고비와 전환 단가가 폭주하는 것을 막아줬다.

AI로 만든 시스템에 대한 신뢰가 어느 정도 쌓이자

새로운 것에 도전하기 시작했다.

광고 소재를 자동화해서

광고 계정에 적용해 스스로 진화하게 한 것이다.

그 효과는 놀라웠다.

현재 내 AI 시스템은

고객의 문의가 오면 10초 안에 답장을 보낸다.

답변 메일에는 정확한 견적서와

100쪽 분량의 제안서가 첨부된다.

내가 직접 광고하지 않아도

AI가 자동으로 고객을 찾아내

하루 수백 통의 제안서를 발송한다.

마케팅 운영, 모니터링, 영업이 모두 자동화된 것이다.

이뿐만 아니라, PM, 기획, 디자인, 개발자 등

직원 다섯 명이 1년 내내 해야 할

10억 원 규모의 개발을

겉멋만 부리지 않으면

혼자서도 일주일 만에 해낼 수 있는 시대가 왔다.

개발사를 운영해 봐서 더 잘 알지만,

AI 덕에 이미 개발 분야의 생산성은

비약적으로 높아졌다.

그리고 AI 기술은 지금도 계속 발전하고 있다.

처음에는 내가 마치 천재가 된 듯한 기분에

마냥 신이 나서는

주변 사람들에게 필요한 AI 시스템을 만들어주었다.
그런데 이런 시스템이 너무 쉽게 만들어지니,
문득, 이제 남을 위해 무언가를 만드는 시대는
끝났다는 생각이 들었다.
누구든 필요하면 만들 수 있으니까.

많은 이가 AI로 기획을 하고, 글을 쓰고, 영상을 만들고
심지어 앱과 홈페이지도 쉽게 만들 수 있는
편리한 세상이 왔다고 좋아한다.
하지만 그 편리함을 당신만 누리는 것이 절대 아니다.
AI는 불과 몇 년 전까지만 해도
SF 콘텐츠에나 등장하는 소재였지만,
이제는 모두가 최소한 한두 가지 AI를 사용하고,
매우 많은 이가 AI 활용에 한해서는 전문가가 되었다.
그나마 아직은 AI가 등장한 지 얼마 되지 않았으므로
빠르게 AI 활용법을 배운 사람들이 돋보일 테지만,
이마저도 오래가지 못할 것이다.

어쩌면 머지않은 미래에는
개인이 만든 AI 자율 운영 기업이

서로 경쟁하게 될지도 모르겠다.
지금의 아이들이 어른이 될 때쯤에는
더 이상 충분한 일자리가 없을 거라는
비관적인 예측을 하는 전문가들의 인터뷰도
심심치 않게 볼 수 있다.
아마도 이 글을 읽는 대부분의 독자는
늘 해온 일로 당장은 돈을 벌 수 있겠지만,
그 일로 얼마나 더 살아남을 수 있을지
확신이 서지 않을 것이다.

나는 AI 기술의 발달을 지켜보며
정말로 몇 년 안 남았을 수도 있겠다고 생각했다.
특히 마케팅 대행사의 이익률은
그렇지 않아도 빠듯한데,
구글과 메타 등 IT 기업들이
광고에 AI를 활용하는 방안을 앞다투어 선보였다.
급기야 광고 소재를 제작하는 일까지
AI에 빼앗길 날이 머지않은 것으로 보였다.
AI 덕에 고객사도
이제 어지간한 일은 직접 할 수 있게 되면서

대행사의 역할은 점점 줄어들었다.

코딩을 주로 쓰는 개발 사업도 어렵기는 마찬가지였다.

AI가 인간의 지성을 대체하고,

로봇이 노동을 대체하는 시대가 온다고

모든 것을 포기해야 할까?

나는 기술의 발전 속도가 빠를수록

그 거대한 파도에 빠르게 올라타야 한다고 생각한다.

이 좋은 AI로 돈을 버는 시스템을 만들어라.

먼저 당신과 당신 기업에 AI를 적용해서

생산성을 높이는 방법을 찾고

이를 바탕으로 계속해서 발전해야 한다.

그리고 변하지 않는 사업의 본질,

즉 인간의 욕구에 집중하라.

사업을 하다 보면

끊임없이 어려운 문제에 부딪힌다.

그 문제는 분명 당신만 겪는 문제가 아닐 것이다.

그렇다면 명심해야 한다.

그럼에도 살아남는 사람은 분명히 있다.

당신의 시간과 돈을 아껴줄
사업의 오답 노트

실패는 단지
다지 시작할 수 있는
기회일 뿐이다.
이번에는 더 현명하게 말이다.

• **헨리 포드(포드 창업자)** •

멘토 없는 젊은 사장들에게

내 실패의 기록을 끝까지 읽어준 당신이라면
이제 적어도 나와 똑같은 실수는
하지 않을 것이라고 믿는다.
하지만 당신이 이 책을 덮고
다시 치열한 삶으로 돌아가기 전에
마지막으로 전하고 싶은 이야기가 남았다.

20년 넘게 사업을 하며 깨달은 사실이 하나 있다.
사업가를 무너뜨리는 건
거창한 비전이나 전략의 부재가 아니다.
오히려 아주 사소한 판단 착오나 실무적 실수들이
결정적인 위기로 이어질 때가 더 많았다.
너무나 사소해서 책에도 나오지 않거나,
혹은 너무나 뻔한 이야기라고 생각하며
무심코 지나쳤던 '기본'들이
결국 사업 전체를 위태롭게 만든다.
나는 벼랑 끝에 선 기분이 들면 이렇게 생각하곤 했다.

그때 누가 이 말 한마디만 해줬더라면
이토록 길고 험난한 길을 돌아오지는 않았을 텐데.

이 기록은,
내가 겪은 그 아쉬움을
당신만은 느끼지 않기를 바라며 써 내려간
나의 오답 노트다.

아이템을 선정하는 기준

모든 사업은 아이템 선정에서 시작된다.
아이템 선정이 잘못되면,
마케팅에 아무리 힘을 써도 소용이 없다.
실패와 성공을 여러 차례 거듭하며
내게는 아이템을 선정하는 몇 가지 기준이 생겼다.

첫째, 효율성이다.
노동 집약적 사업은 한계가 명확하니 피하라.
사업을 확장할 수록 인건비가 불어나

오히려 수익성이 악화될 수 있다.

둘째, 수익성이다.

영업이익률이 30퍼센트 이하인 사업을 했다가는

일하다가 죽겠다는 생각을 자주 하게 될 것이다.

셋째, 전문성이다.

진혀 모르는 분야에 도전할 때는

충분한 공부와 조사가 필요하다.

만약 기회가 된다면 아르바이트라도 해보는 것을 추천한다.

넷째, 시장성이다.

누구에게 제공할지 고려하지 않고

무작정 좋은 상품이나 서비스를 만든다면,

어느새 생활고에 시달리는 자신을 보게 될 것이다.

물론 이 모든 조건을 충족하는 아이템을 찾는다고

무조건 성공하는 것은 아니다.

아이템 선정 후에도 상품화부터 마케팅까지,

여러 난제가 숨어 있으니까.

하지만 반드시 망하는 아이템 선정 기준은 있다.

바로, '이거 돈 된다더라'라는 소문을 쫓는 것이다.

대왕 카스텔라, 네 컷 사진관, 탕후루 같은 게

유행한다는 말이 자주 들리거나

서점에 갔더니 특정 아이템 창업 가이드북이

베스트셀러에 올라와 있는가?

그렇다면 이미 늦었다.

지금 그 시장에 들어가면

선발주자들의 엑시트를 돕는 꼴이 될 뿐이다.

진입 장벽이 낮은 유행 아이템일수록

경쟁은 치열하고 수명은 짧다.

나의 지인은 팬데믹으로 인한 마스크 대란 때

뒤늦게 공장을 차렸다가

기곗값도 못 건지고 빚더미에 앉았다.

초기에 마스크 사업에 진입했던 사람들은

이미 수십억을 벌고 빠져나간 뒤였다.

사업가는 대중의 뒤를 쫓는 사람이 아니라,

대중보다 반보 앞서가서 길목을 지키는 사람이어야 한다.

남들이 환호할 때 두려워하고,

남들이 공포에 떨 때 기회를 봐라.

사업의 기회는 사람들의 의심과 불평에 숨어있다.

적자생존: 적는 자만이 살아남는다

샤워 중이나 운전 중에, 혹은 술자리에서
불현듯 그럴듯한 아이디어가 떠오를 때가 있다.
장담하건대 그 아이디어는 10분 뒤에
흔적도 없이 사라진다.
기억을 믿지 마라.
인간은 망각의 동물이다.
나는 침대 머리맡, 차 안, 화장실 등
손이 닿는 곳마다 메모지와 펜을 둔다.
스마트폰을 사용하면
손이 자유롭지 못한 상황에도 아이디어를 녹음할 수 있다.
그 찰나의 영감들이 모여서
새로운 사업 아이템이 되고,
위기를 돌파할 전략이 된다.

하지만 매일 같은 시간에 일어나서
같은 길로 출근하고
같은 식당에서 밥을 먹고
같은 사람들과 일하는 삶은 사업가에게 위험하다.

뇌가 굳기 때문이다.

루틴은 효율을 만들지만 혁신을 죽인다.

그래서 나는 가끔 억지로라도 일탈을 감행한다.

평일 대낮에 혼자 영화관에 가거나

평소라면 거들떠보지도 않을

식물 키우기나 뜨개질 관련 잡지를 정독한다.

아무 버스나 타고 멍하니 앉아서 종점까지 가보기도 한다.

이런 엉뚱한 일탈이 뇌에 새로운 자극을 준다.

루틴에서 벗어나 다른 세상의 공기를 마실 때,

비로소 내 사업을 객관적으로 바라보게 된다.

고인 물은 썩는다.

당신의 일상에 균열을 내라.

그 틈 사이로 새로운 기회가 들어온다.

일주일에 반나절 정도는

스마트폰을 끄고 완전히 다른 사람이 되어보자.

물론 이때도 새로운 생각이 떠오른다면

반드시 적어둘 것.

직원을 뽑는 기준

내 경험상 직원을 뽑을 때
다음의 세 가지 사항을 고려하면 실수를 줄일 수 있다.

첫째, 스펙보나는 인성과 결핍을 본다.
많은 이가 지원자의 학벌과 스펙에 현혹된다.
소위 명문대를 나온 지원자들은
당연히 똑똑하다.
말귀도 참 잘 알아듣는다.
하지만 당신이 스타트업 회사의 대표라면
직원의 그 똑똑함이 항상 좋은 것은 아니다.
그들은 시스템이 불합리해 보이거나
회사가 어려워지면,
가장 먼저 계산기를 두드리고 탈출한다.

나는 직원을 채용할 때 인성과 결핍을 본다.
업무 관련 기술은 가르칠 수 있다.
하지만 인성은 못 고친다.
유쾌하게 인사하고 기꺼이 동료를 도우며

실수를 인정하는 사람.

이런 사람들이 결국 조직의 문화를 만든다.

무엇보다 중요한 건 결핍이다.

집안이 어렵다거나

성취를 향한 간절한 열망이 있는 사람들.

이런 사람들에게 기회를 주면

그들은 최선의 열정으로 보답할 것이다.

둘째, 신입 사원은 3년 뒤 회사의 허리가 된다.

경력직은 즉시 실무에 투입할 수 있어서 좋지만

함께 일하기 까다로울 때가 많다.

머리가 굵어져서 자기만의 방식을 고집하거나

회사의 방침에 토를 달기도 한다.

반면 신입 사원은 백지상태다.

처음에는 답답할 수 있으나

회사에 맞는 색깔을 입히기 좋다.

신입 사원을 뽑을 때는 2년 뒤를 보라.

1년 차는 투자 기간이므로

밥값은커녕 사고나 안 치면 다행이다.

하지만 2년 차가 되면 제 몫을 하기 시작하고,

3년 차가 되면
누구보다 회사의 시스템과 방향을 잘 파악하는
든든한 핵심 인재가 된다.
밑바닥에서부터 함께 구르며 성장했기에
회사에 대한 애정도 크고 실력도 탄탄하다.
인사는 농사다.
씨를 뿌리고 기다릴 줄 알아야 수확할 수 있다.

셋째, 나보다 나이 많은 직원을 활용한다.
30대 초반까지는 나보다 나이가 많은 직원을 꺼렸다.
막연히 불편할 거라고 생각했기 때문이다.
하지만 나보다 나이가 많은 동업자와 직원들을
실제로 겪으며 생각이 바뀌었다.
경험은 무시할 수 없는 자산이다.
연륜이 있는 직원들에게는
세월이 가져다준 능력과 노련함이 있다.
사업가라면 자신보다 능력 있는 사람과
경험 많은 사람을 담을 수 있어야 한다.

청년 일자리 지원금은 신중하게

정부에서 지원해 주는 인건비는
사업가에게 가뭄의 단비처럼 보인다.
'청년 채용하면 월 100만 원 지원!'
'디지털 일자리 지원!'
마치 광고 카피같이 시선을 잡아끄는
이런 문구들을 보고 있으면
정부 지원금을 안 받는 게 손해같이 느껴진다.
하지만 여기에 혹해 인력을 채용하려는
주변 사업가들을 보면
나는 도시락 싸 들고 다니며 말리고 싶다.

공짜 돈에는 반드시 무거운 책임이 따른다.
지원금을 받으면 고용 유지 조건이 붙는다.
일을 정말로 못하거나
회사 분위기를 망치는 직원이 들어와도
내보낼 수 없게 되는 것이다.
이 경우 한 달에 100원 지원받으려다가
그보다 훨씬 많은 인건비와 4대 보험료를 낭비하고,

애써 가꾼 조직 문화까지 망가지기 마련이다.

물론 정말 사람이 필요해서 채용했는데

덤으로 지원금이 딸려 온다면 감사히 받는다.

하지만 정부 지원금에 의존하는 순간,

회사는 자생력을 잃는다는 사실을 명심하라.

내 돈이라는 착각

사업 초기에 가장 많이 하는 실수가 있다.

1억 원짜리 계약을 따내면,

마치 주머니에 1억 원이 생긴 것처럼 행동하는 것이다.

이것은 대단히 위험한 착각이다.

상대방에게 세금계산서를 발행했어도

실제로 결제가 이루어지기 전까지

그 돈은 나에게 없는 돈이다.

상대 회사가 부도날 수도 있고

중간에 지급일이 늦춰질 수도 있으며

최악의 상황에는 돈을 떼일 위험도 있다.

그런데 장부상의 이익에 취해 지출을 늘렸다가

막상 결제일에 돈이 안 들어오면

그때부터 지옥이 시작된다.

당장 직원들 월급 줄 돈이 없어서

사채를 쓰고 카드론에 손을 댔다가는

뉴스에서나 보던 흑자 도산이

더 이상 남의 일이 아니게 될 수 있다.

통장에 돈이 실제로 들어오기 전까지는

그 돈을 아예 없는 돈 취급하는 것이 현명하다.

물론 통장에 들어온 돈이라고 해서

전부 마음대로 쓸 수 있는 것은 아니다.

사업가는 통장에 들어온 모든 돈이

'내 돈'이라고 생각하지 않도록 주의해야 한다.

대표적으로 조심해야 할 것이 세금이다.

특히 부가세 10퍼센트는 마치 보너스처럼 느껴진다.

그래서 그 돈으로 밀린 대금을 갚거나

생활비를 충당하는 이들이 있지만,

이는 명백한 횡령이자 경영 미숙이다.

세금을 체납하면 가산세가 붙을 뿐만 아니라

국세청 고액·상습 체납자 명단에 올라가

온갖 불이익을 받게 된다.

나는 매출이 들어오면

부가세와 예상 법인세 등을 합친 약 20퍼센트 금액을

별도의 세금 통장에 이체한다.

이 통장에는 체크카드조차 만들지 않는다.

아예 없는 돈으로 간주해야

비로소 내가 진짜 쓸 수 있는 돈이 얼마인지

명확히 보이기 때문이다.

쓸 수 있는 돈과 쓸 수 없는 돈을 구분하는 것은

사업가의 의무이자 회사를 지키는 최소한의 안전장치다.

대출과 투자의 유혹

회사의 매출이 늘고 통장에 현금이 넉넉히 쌓일 때쯤

은행에서 지점장쯤 되는 높은 사람이 찾아와서

정중히 안부를 묻고 저금리 대출을 권한다.

또 기술보증기금과 신용보증기금의 보증서만 있다면

1억 원 정도는 어렵지 않게 대출받을 수 있다.

하지만 대출금을 갚을 확실한 계획이 없다면
대출은 독이다.
특히 대출금을 인건비나 월세로 쓰는 순간
사업은 망하는 길로 들어선다.
은행은 자선단체가 아니기 때문이다.
회사의 매출이 꺾이고 적자가 나기 시작하면
은행은 가장 먼저 등을 돌린다.
대출 만기를 연장하기 어려우니
원금을 일부 상환해야 한다는 전화가 빗발칠 것이다.
그러니 절대 잊지 않기를 바란다.
은행은 맑은 날 우산을 빌려주고
흐린 날 우산을 빼앗아 간다.

대출이 아니라 투자라면 어떨까?
중소기업을 운영하는 사업가에게
투자자는 신과도 같을 것이다.
문제는 투자 좀 해주겠다며 접근하는
소위 '엔젤 투자자'들이다.
경험이 없는 사업가들은
그들이 농담 반 진담 반으로 던진 말에

빠르게 뛰는 심장을 붙잡고 김칫국부터 마시곤 한다.

정식 실사도 안 했는데 투자가 확정된 듯 행동하며,

기존의 사업 속도와 방향을 잃어버리는 것이다.

하지만 투자 유치에 목매느라 서너 달을 허비하고,

정작 투자는 받지 못하는 경우가 더 많다.

투자 운운하던 사람이 뒤늦게

실사해 보니 투자는 어렵겠다고 말하면,

사업가는 정신적으로도 큰 충격을 받는다.

이는 당연히 사업에도 영향을 미친다.

거듭 강조하지만,

통장에 돈이 들어오기 전까진 아무것도 믿지 마라.

과점 주주의 함정

나의 경험에서 볼 수 있듯,

동업자와 법인 회사를 운영할 때

지분율이 50퍼센트를 넘지 않으면

의사 결정 과정에 문제가 생길 수 있다.

하지만 지분율이 무조건 높은 것이

언제나 이상적인 것은 아니다.

어떤 이들은 경영권과 배당금을 고려하면

지분율이 높을수록 좋지 않겠냐고 묻기도 한다.

사업이 잘될 땐 아무 문제가 없다.

하지만 사업이 흔들려 세금을 체납하게 되면

높은 지분율이 오히려 당신의 목을 조여올 수 있다.

국세기본법에는 '제2차 납세의무'라는 조항이 있다.

법인이 세금을 못 내면

법인의 지분을 50퍼센트 초과 보유한 과점 주주가

회사의 체납 세금을 책임지게 하는 조항이다.

법인 파산 신청을 해도

국세 체납액은 사라지지 않는다.

법인은 유한책임이라는 말만 믿다가

통장이 압류되고 신용불량자로 전락하는 것이다.

리스크를 관리하기 위해서는

정말로 믿을 수 있는 동업자과

지분을 나눠야 한다.

과하게 친절한 사람은 3개월만 두고 봐라

그렇다면 믿을 수 있는 동업자와

당신을 이용하려는 사람을 어떻게 구별할 수 있을까?

사업을 시작하고 조금씩 이름이 알려지거나

투자를 받았다는 소문이 돌면

기가 막히게 연락해 오는 사람들이 있다.

업계의 마당발이라 자칭하는 사람들이다.

그들은 아주 친근하고 호탕하게 접근한다.

시도 때도 없이 밥과 술을 사주며

대표님 사업은 무조건 잘될 거라거나

자신이 얼마든지 도와주겠다는 식의

낯간지러운 칭찬 세례를 퍼붓는다.

하지만 세상에 공짜 밥은 없다.

이들이 소위 말하는 '꾼'인지

진짜 '귀인'인지 구별하는 방법은 딱 하나.

시간이다.

그들은 대개 3개월 정도 간을 보다가 본색을 드러낸다.

자신을 고문으로 이름만 올려주면

온갖 인맥을 소개해 준다고 하거나

지분만 조금 챙겨주면 후속 투자를 책임진다거나

자신의 회사와 MOU를 맺고

기술을 공유하자고 제안하는 식이다.

만약 누군가가 과도한 친절을 베풀며 접근한다면

일단 의심하며 3개월만 지켜보길 바란다.

그 안에 돈이나 지분 이야기를 꺼내는 사람과는

즉시 관계를 끊어야 한다.

1퍼센트 지출 원칙

사업을 하다 보면 어느 순간 목돈이 들어온다.

이때 많은 사람이 홀린 듯

'그동안 고생한 나에게 주는 선물'을 찾는다.

외제 차의 배기음이 예전과 다르게 들리고

백화점 명품관의 시계가 눈에 밟힌다.

주변 사업가들이 바꾼 차를 타고 골프를 다닐 때

나만 낡은 차를 타고 다니면

왠지 무시당할 것 같아 조바심이 난다.

사업을 하려면 겉모습도 중요하다는

이상한 합리화를 하기 시작한다.

나 역시 20대 시절에

똑같은 마음으로 외제차를 샀다.

철이 들고 나서는 이러한 유혹을 끊어내기 위해

'1퍼센트 지출 원칙'이라는 소비 원칙을 세웠다.

사고 싶은 사치품의 가격이

현금성 자산의 1퍼센트를 넘으면 절대 사지 않는 것이다.

1500만 원짜리 시계를 사고 싶다면

통장에 15억 원이 현금으로 있는지 확인한다.

2억 원짜리 자동차를 사려거든

통장에 200억 원이 현금으로 있어야 한다.

이렇게 계산하면 사실상 살 수 있는 사치품이 거의 없다.

정확하다.

사업 초기에는 어떤 사치품도 사서는 안 된다.

사업가는 현금 흐름이 막히는 순간 죽는다.

1500만 원짜리 시계와 2억 원짜리 자동차를 샀다가

거래처 대금 1억 원이 없어서

흑자 부도가 날 수 있는 게 사업이다.

검소함이 몸에 배지 않으면

당신은 평생 돈을 벌어도 돈에 쫓기게 될 것이다.

작은 고객이 곧 큰 고객이다

마케팅 대행사를 운영하다 보면

아주 초라한 예산을 가지고

쭈뼛거리며 찾아오는 고객이 종종 있다.

바쁜 와중에 그런 고객을 만나면

인건비도 안 나온다는 생각에

귀찮아하며 대충 상담하고

얼른 돌려보내자는 생각이 든다.

하지만 사람 일은 모른다.

예전에 한 청년 창업가가

30만 원짜리 로고 디자인을 의뢰하러 온 적이 있다.

나는 그와 두 시간 동안 정성껏 상담한 뒤,

밥까지 사주고 돌려보냈다.

3년 뒤에 그 청년은 시리즈 B 투자를 받은

유망 스타트업 대표가 되어

수억 원짜리 마케팅 대행 계약 건을 갖고 나를 찾아왔다.

또 늘 예산이 부족하다고

양해를 구하며 의뢰하던 담당자가

어느 날 대기업 팀장으로 이직해서

찾아온 경우도 있었다.

모든 고객은 씨앗이다.

지금 당장 보잘것없다고 외면한다면

나중에 그가 열매를 맺어도 기회는 없을 것이다.

[닫는글]

매일 아침 다시 힘을 내는 이들에게

이 글을 읽고 있는 당신은
어쩌면 어젯밤 두려움에 잠을 설쳤거나
오늘 아침 무거운 마음으로
운전대를 잡고 출근했을지도 모르겠다.

매달 어김없이 돌아오는 급여일.
그날이 다가올 때마다 숨이 턱턱 막히고,
은행 잔고를 확인하며 여기저기 돈을 융통하느라
고개를 숙여야 하는 그 비참한 심정을
나는 누구보다 잘 안다.
그 압박감에 짓눌려
운전대를 잡은 채 가쁜 숨을 몰아쉬고

좁은 공간에 갇히면
당장이라도 죽을 것 같은 공포에 시달렸던 것이
불과 얼마 전의 내 모습이다.

당신이 지금 그 지독한 고독과 공포를 겪는 이유는
당신이 무능해서가 아니다.
그저 사업이라는 길이 원래 그런 것이다.
첫해든 10년이 지났든 사업가는 고독하다.
오히려 시간이 지나고 사업이 성장할수록
외로움은 점점 더 커질 것이다.

그럼에도 계속 그 길을 걸어가는 당신에게
몇 가지 전하고 싶은 말이 있다.

첫째, 매출이라는 껍데기에 속아서는 안 된다.
초보 사업가들이 가장 흔히 빠지는 함정이
바로 '매출'과 '겉모습'이다.
사업을 성장시켜 나가다 보면
적게는 수천만 원에서
많게는 수억 원이 통장에 들어온다.

이때 처음 사업을 시작한 사람은

태어나서 한 번도 본 적 없는 숫자에 취하기 마련이다.

어떤 이들은 그 숫자가 자신의 능력이라 믿으며

외제 차를 뽑고, 명품을 두르고, 사무실을 확장하는 등

겉모습에 치중하며

성공한 사장의 모양새를 갖추려 애쓴다.

보이는 모습이 신뢰를 줄 거라는 위험한 믿음 때문이다.

나 역시 그랬다.

하지만 임대료와 인건비,

운영비 같은 필수 비용이 빠져나가면

통장에 남는 돈은 얼마 되지 않을 수 있다.

이러한 상황에서 집중해야 하는 건

허울 좋은 외형이 아니라 탄탄한 내실이다.

그러니 매달 한계치까지 매출을 쥐어짜야

겨우 유지되는 무거운 구조를 경계하라.

사업이 성장할수록 고정비를 줄이는 데 힘을 기울이며

사업의 본질에 집중해야 한다.

매출보다 중요한 것은 순익이라는 사실을

잊어서는 안 된다.

둘째, 착한 사장이 되려는 강박을 버려야 한다.

나는 '착한 사장'이 '훌륭한 사장'이라고 생각해서

사업을 시작하고도 꽤 오랫동안

착한 사장이 되려는 강박을 버리지 못했다.

다른 사람에게 싫은 소리하는 것이 두려워

해야 할 말을 하지 못했고

좋은 게 좋은 것이라는 생각에

조금 손해를 보더라도 내 이익을 양보하곤 했다.

하지만 친구들과 사업을 운영하다가

결국 뒤통수를 맞았고

무턱대고 믿은 사람에게 배신당한 결과 회사가 무너졌다.

여기까지 내 이야기를 읽었다면

착한 사장의 끝이 어떤지 확인했을 것이다.

착한 사장은 반드시 망한다.

비즈니스 세계에서 '착하다'는 말은 칭찬이 아니다.

착한 사장이라는 말에는

자기 마음대로 다루기 편한

만만한 상대라는 의미가 담겨 있다.

따라서 착한 사장이 되려고 노력한다면

사업 전체가 위태로워지는 것은 시간문제다.

당신은 좋은 사람이 되기 위해 사업을 하는 것이 아니다.

그러니 회사를 지키고

직원들의 삶의 터전을 안전하게 유지하고 싶다면,

기꺼이 악역을 감수하는 사람이 되어야 한다.

셋째, 다시 시작하는 것을 두려워하지 않기를 바란다.

최선을 다했음에도 끝내 절벽 끝에 섰다면,

이제는 마지막이 왔음을 인정해야 한다.

많은 사장들이 회사가 위태로워진 다음에도

실패하는 것을 두려워한 나머지

무리하게 빚을 끌어다 쓴다.

하지만 고통을 질질 끌면서

빚을 불리기보다는

차라리 지금의 사업을 깔끔하게 정리하고

다음을 도모하는 것이 현명하다.

그래야 다시 시작할 수 있는

최소한의 상태라도 만들 수 있다.

실패는 결코 부끄러운 일이 아니다.
정말 부끄러운 일은
넋 놓고 있다가 재기조차 불가능한 상태로
자신을 내모는 것이다.

자존심을 버리고 백기를 드는 데는
엄청난 용기가 필요하다.
혹여 당신이 이 책을 읽고 그러한 용기를 냈다면
그 용기를 낸 자신을 부디 책망하지 말기 바란다.
스스로를 용서해야 다시 일어날 수 있다.
괜찮다.
다시 하면 된다.

넷째, 한두 번의 실패가 당신을 실패자로 정의할 수 없다.
사업에서의 실패는 당신의 긴 인생에서
단지 지나가는 과정에 불과하다.
회사가 문을 닫았다고 당신의 인생이 끝나는 것이 아니며
당신의 실패가
당신이라는 존재를 무가치하게 만드는 것도 아니다.
어떤 사람들은 당신이 무너질 때

실패자라는 낙인을 찍으려 할 것이다.
그 낙인을 찍는 사람이
평소 진심을 다해 대했던 사람들이라면
그 상처는 더 깊어질 수 있다.

나는 내가 만든 법인에서 쫓기듯 퇴사한 뒤
앞에서는 다시 일어서는 날을 응원한다며
힘내라고 말하던 한 직원이
뒤에서는 나를 '거지 새끼'라고 부르며
조롱하고 있었다는 사실을 알게 되었다.
그 사실이 너무나 괴로웠던 나머지
처음에는 그 직원을 욕하고
급기야 이런 상황을 만든 나를 자책했다.

그러나 이제는 안다.
남 탓을 하면 피해자가 되어
상황을 바꿀 힘이 없어지지만,
내 탓이라고 인정하면
문제를 해결할 주체가 된다.
억울해도 모든 원인을 나에게서 찾아야 성장할 수 있다.

크고 작은 실패를 여러 번 겪다 보면

어떤 실패는 너무나 치명적으로 보여서

내 인생을 끝장낼 것 같다는 착각이 든다.

하지만 그 시기가 지나고 돌이켜보면

그 실패는 단지 시행착오 혹은 통과의례에 불과하다.

만약 사업에서 실패한다면,

당신은 실패를 경험한 사업가이지

실패한 사람은 아니다.

그 고통 속에서 적은 오답 노트가

인생의 다음 장을 써 내려가는 당신에게

가장 강력한 무기가 될 것이다.

그러니 사업과 당신의 존재 가치를 동일시하며

스스로를 학대하지 마라.

당신은 여전히 무한한 가능성을 품은 당당한 사업가나.

다섯째, 스스로를 응원해야 한다.

아무리 발버둥 쳐도

상황이 나아지지 않는 것 같을 때,

나는 내일 아침이 오는 것이 두려워

이대로 세상에서 사라지고 싶었다.

당신에게도 언젠가 그런 날이 올 수 있다.
어쩌면 당신은 이미 그런 어둠 속을
지나고 있을지도 모르겠다.

그런 날이 오면,
부디 나 같은 사람도
지금은 웃으며 다시 사업을 꾸려나가고 있다는 사실을
기억해 주기를 바란다.
내가 해낸 일이니
당신이라고 못 할 리가 없다.
바닥을 쳤다는 건
이제 두 발로 그 바닥을 차고
올라갈 일만 남았다는 뜻이다.

물론 외롭고 고통스러울 것이다.
잘해야 본전이고 못하면 낭떠러지인 부당한 길이다.
사장은 세상에서 가장 외로운 직업이다.
그래서 나는 자주 거울을 보며
스스로를 위로하고 응원한다.
이상한 사람처럼 보이겠지만

막상 해보면 눈물이 날 만큼 큰 힘이 될 것이다.

내가 나를 믿어주지 않으면

사업이라는 험난한 길을 헤쳐나갈 수 없다.

세상 모두가 당신에게 등을 돌려도

당신만은 당신의 가장 열렬한 팬이어야 한다.

치열한 삶의 마지막 장까지

당신이 끝내 살아남기를

그래서 웃으며 만나는 날이 오기를

온 마음을 다해 응원한다.

나도 사장은 처음이라

멘토 없는 젊은 리더를 위한 생존의 기술

초판 1쇄 인쇄 2026년 3월 17일
초판 1쇄 발행 2026년 3월 26일

지은이 박태훈
펴낸이 김선식

부사장 김은영
책임편집 정용준 **책임마케터** 오서영
콘텐츠사업5팀장 정용준 **콘텐츠사업5팀** 차혜린, 장종철, 박나영
마케팅사업2팀 오서영, 이현주, 단비 **홍보2팀** 정세림, 고나연, 이다은
브랜드사업본부장 정명찬
브랜드홍보팀 오수미, 서가을, 박장미, 박주현 **영상홍보팀** 이수인, 염아라, 이지연, 노경은
저작권팀 성민경 **편집관리팀** 조세현, 김호주, 백설희
재무관리팀 하미선, 임혜정, 이슬기, 김주영, 오지수
인사총무팀 강미숙, 김재경, 김혜진, 김주림, 황종원
제작관리팀 이소현, 김소영, 유미애, 이지우, 이승협
물류관리팀 김형기, 김선진, 주정훈, 양문현, 채원석, 박재연, 이준희, 최대식
외부스태프 표지 privatelephant **일러스트** 이인아

펴낸곳 다산북스 **출판등록** 2005년 12월 23일 제313-2005-00277호
주소 경기도 파주시 회동길 490 다산북스 파주사옥
전화 02-704-1724 **팩스** 02-703-2219 **이메일** dasanbooks@dasanbooks.com
홈페이지 www.dasan.group **블로그** blog.naver.com/dasan_books
종이 스마일몬스터 **인쇄** 정민문화사 **코팅 및 후가공** 제이오엘앤피 **제본** 정민문화사

ISBN 979-11-306-7596-1 (03320)

· 책값은 뒤표지에 있습니다.
· 파본은 구입하신 서점에서 교환해드립니다.
· 이 책은 저작권법에 의하여 보호를 받는 저작물이므로 무단 전재와 복제를 금합니다.

다산북스(DASANBOOKS)는 독자 여러분의 책에 관한 아이디어와 원고 투고를 기쁜 마음으로 기다리고 있습니다.
책 출간을 원하는 아이디어가 있으신 분은 다산북스 홈페이지 '원고투고'란으로 간단한 개요와 취지, 연락처 등을
보내주세요. 머뭇거리지 말고 문을 두드리세요.